사회적 농부
모두의 농업
모두의 농부

독일·오스트리아 농촌공동체 탐방기

사회적 농부
모두의 농업
모두의 농부

독일·오스트리아 농촌공동체 탐방기

정기석 지음

작은것이 아름답다

벼리

여는 글
6 **농부의 나라와 사회적 농부**

1_국가와 정부가 지지하는 사회적 농부

24 독일 농부 소득의 80퍼센트는 문화경관 직불금
34 농민들이 자치하는 슈바츠 농업회의소
44 생활 유기농업 연구하는 바덴 원예시험연구소
54 고리부채 해결사 라이파이젠 농민은행
64 농업마이스터를 키우는 독일 농업전문학교

2_가족이 대를 잇는 사회적 농부

76 180헥타르 대농 가족농 카이센호프 육우 농가
86 딸부잣집 부농 가족농 니더탄너 과수 농가
96 느리게 가공하는 디스마스 육가공 농가
106 욕심 안 부리는 피르히너호프 제빵 농가
116 농사짓는 목수 홀러 6차 농가

3_서로 연대하고 협동하는 사회적 농부

128 1,500명 농부의 사회적 자본 슈베비쉬 할 농민생산자조합
142 500년 유네스코 문화유산 빌더케제 공동가공·직판장
152 상공인과 농민의 연대 잘펠덴 공동직판장
164 포도로 공생하는 라인스바일러 와인마을
174 주말텃밭 아닌 치유정원 카를스루에의 클라인가르텐

4_사회적 농부의 나라

186 국민의 별장지기가 지키는 농촌관광
198 농민과 시민이 서로 살리는 농민시장
210 농촌과 농민의 미래를 지키는 마을유산
222 농민이 주권자로 자치하는 농업정책

부록
241 **먹을거리 정의와 사회적 농부**

농부의 나라와
사회적 농부

국가와 사회가 돌보는
가족농의 협동과 연대로

한국 농부들은 '쎄가 빠지게' 농사짓는다는 말을 한다. 농사일이 여러 상황이 맞물려 견뎌내기 힘겹다는 말이다. 독일 농부들도 '뼈골 빠지게' 농사짓기는 마찬가지다. 한국 농부들은 농업만으로 먹고살기 힘들다. 독일 농부들도 농업만으로는 안 된다. 그래서 독일 농부들은 '농사 한 다리만으로 똑바로 설 수 없다'고 말한다. 가공을 하든, 민박을 하든 '두 다리 넘게 겸업을 해야' 농촌에서 버틸 수 있다고 탄식한다.

한국이나 독일이나 농부의 삶은 이토록 놓인 상황과 조건이 본질부터 고단하다. 동서고금을 불문하는 농사의 속성, 농부의 운명으로 보인다. 그래서 한국 농부들은 결코 자식들에게 농사를 물려주고 싶지 않다. 비록 도시 월급쟁이가 되더라도 도시로 자식들을 내몬다. 그게 농부의 삶보다 낫다고 생각한다. 농업이 존중받고 농업만으로 살 수는 없을까. 독일 농업 현장을 보면서 실마리를 찾고 가능한 대안을 찾고 싶었다.

독일에는 무엇보다 농업을 가업으로 여기는 문화가 있다. 반드시 자식에게 농사를 물려준다. 맏아들이 못하면 둘째 아들이, 아들이 없으면 딸이 물려받는다. 자식들도 중학교부터 농업학교를 다니며 당연하다는 듯 농부가 될 준비를 한다. "농부가 농사를 게을리 하면 농촌 경관이 어떻게 망가지나 보라"며 당당히 대정부 시위를 벌인다. 죽어서는 '자랑스러운 농부'였다고 묘비에 새긴다.

몹시 의아하고 궁금했다. 농사 일이 힘들기는 선진국 독일도 마찬가지라니! 그것도 농가당 농지가 한국보다 40배나 더 넓고 농사 기술도 더 우수하고 유럽연합이라는 큰 시장도 갖고 있는데 소득 수준은 한국 농부들과 크게 다를 게 없다니! 그럼에도 한국 농부들은 이토록 초라하고 힘겹고 스스로 불행하다고 느끼는데, 독일 농부들은 왜 이토록 당당하고 행복한가. 대체 독일 농부들의 그 자존감과 자부심은 어디서 비롯되는 것일까.

농부의 자존감과 자부심을 지켜 주는 농부의 나라

2014년 농촌공동체 연수, 2016년 친환경농업 연수로 독일을 방문해 농부의 삶을 직접 눈으로 확인했다. 독일 농부들도 힘들게 일하지만 농부라는 직업을 자랑스럽게 여기고 있었다. 비결은 단순 명쾌하다. 독일 농부들은 혼자가 아니었다. 직불금을 받는 가족농끼리 협동조합을 꾸리고 농업회의소로 자치하고 있었다. 국가와 정부, 국민들과 함께 농사짓고 있었다. 독일 농부 곁에는 늘 농부의 삶을 챙기고 보살피는 국가와 정부가 있었다. 그리고 농부들의 생활을 걱정하고 지켜주는 국민들이 있었다.

비단 독일뿐 아니었다. 오스트리아, 스위스, 프랑스를 비롯한 유럽연합의 회원국들은 대개 사정이 다르지 않았다. 그런데 이 같은 농부의 나라, 유럽연합의 중심, 독일도 농업이 쇠락하기는 마찬가지다. 농림업 생산총액은 국내총생산(GDP)의 1퍼센트에도 못 미친 지 오래다. 농민은 전체 경제활동 인구의 2퍼센트도 채 안 된다. 그렇다고 국제 경쟁력을 이유로 대농과 기업이 농업을 주도하지도 않는다. 독일의 농업경영체는 가족농이 90퍼센트를 차지한다. 나머지 10퍼센트도 가족농들이 모인 생산자조합(Gemeinschaft), 농업협동조합(Genossenschaft)이다.

독일의 가족농은 평균 50~60헥타르의 농지에서 농사짓지만 연평균 5만 유로 정도 농가 소득을 얻을 뿐이다. 그나마 세금 따위를 제하면 농업소득은 약 3만 유로에 불과하다. 도시 급여노동자의 80퍼센트 수준이라고 한다. 그나마 60~70퍼센트는 정부가 보전해 주는 직불금 수입이다. 직불금으로 소득을 보전받지 못한다면 농사만으로는 연간 1만 유로도 못 버는 셈이다. 한국 농부의 농가당 연평균 농업소득 1,000만여 원에도 못 미치는 수준이다.

그럼에도 독일, 오스트리아, 스위스 같은 나라들은 '농부들이 농촌에서 능히 먹고 살 수 있는 농부의 나라'로 불러 마땅하다. 그토록 돈이 안 되는 저부가 가치 농사, 수지타산이 맞지 않는 농업으로도 농부들이 농촌을 지키며 살아가기 때문이다. 우선 농부들 스스로 농업을 공업이나 상업, 서비스업으로 취급하지 않는다. 1차 농업이 부실한 6차 융복합농업은 존재하지 않는다. 유기농업, 윤리적 축산, 로컬푸드, 생태 경관과 같은 농부로서 기본 도리와 책무를 다한다. 소비자 국민을 속이거나 배신하지 않는다. 농산물을 상품화하거나 농업을 기업화해서 억대 농부가 되려는 헛된 욕심도 없다. 농민들이 '농촌에서 정직하게 농사를 지으며 먹고 살 수 있도록' 유럽연합, 독일 정부, 주 정부가 직불금을 지급하기 때문이다. 그러한 뜻에서 독일의 농부를 '사회적 농부'라고 말할 수 있다.

문화경관 직불금으로
농민 기본소득의 효과를

농부가 사회적 농부로 자리매김하는 독일은 '농부의 나라'라고 할 수 있다. 그 열쇠는 직불금에 있다. 사실상 농민 기본소득의 효과를 발휘한다. 독일의 농가마다 지급되는 직불금은 연평균 4,000만 원 수준이다. 농가 소득 가운데 60퍼센트가 넘는 수준이다. 알프스 산악 지대로 농사 조건이 불리한 스위스는 90퍼센트가 넘는다. 일단 경작하는 농지 규모에 따라 소농은 2,000만여 원 정도, 대농은 3~4억 원 넘게 책정된다. 여기에 관행농보다 조건이 더 불리한 친환경농업, 청년, 소농 여부에 따라 직불금이 추가로 지급된다. 특히 '청년 농업인'을 우대해 기본직불금에 25퍼센트를 추가 지급하고 공유지 임대, 농업 시설물 설비 보조금도 따로 지원한다.

이 같은 직불금 규모는 유럽연합 농정예산의 70퍼센트가 넘는다. 사실상 유럽연합 공동농업정책(Common Agricultural Policy, CAP)의 핵심 정책이라고 할 만하다. 토건시설 중심 간접보조사업에 치우친 비합리적이고 비효율적인 한국의 농정예산 집행구조와 극명하게 대비된다. 농가에 직접 지급하니 예산이 중간에 낭비되거나 유용될 일이 없어 예산 집행의 효율성이 크다. 규모와 방법의 차이는 있지만 모든 회원 국가, 모든 농민에게 지불되므로 사실상 농가의 기본 생활을 보장하는 사회안전망 구실을 한다. '농민 기본소득제'의 효과도 거두는 셈이다.

이처럼 독일, 오스트리아 같은 유럽연합의 직불금 정책은 무엇보다 먼저 농정을 바라보는 기본 철학에 바탕을 두고 있다. 직불금 효과 이전에라도 사회적 농부들은 최소한 '먹고사는 불안감과 공포'로부터는 해방된 듯하다. 농부들이 농촌에서도 안정된 생활을 하도록 무상교육, 무상의료, 고용안정 같은 사회안전망(social safety net)이 탄탄히 구축돼 있기 때문이다. 이미 농민 이전에 국민으로서 최소한의 기본 생활을 보장받고 있는 것이다.

여기에 직불금 정책이 더해지니 농민들은 '국가와 정부가 나를 챙겨주고 있다'는 고마움과 신뢰가 생긴다. 국가와 정부를 믿는 농부들은 마땅히 사회의 규범과 질서를 엄수한다. 길거리에 휴지 하나 버리지 않고 교통신호를 절대 위반하지 않는다. 농민끼리 한 협동의 약속과 국민들과 연대하겠다는 합의도 잊지 않는다. 결국 직불금 같은 탄탄한 사회안전망은 신뢰, 협동, 연대, 규범, 연결망 같은 사회적 자본(social capital)이 넘쳐나는 민주적 시민사회, 법치 공화국을 이루는 밑바탕이자 원동력이 됐다.

돈 버는 농업이 아니라 사람 사는 농촌을

독일 같은 유럽연합 농정의 핵심 기조와 가치는 '돈 버는 농업'보다 '사람 사는 농촌'에 무게를 두고 있다. 유럽연합 공동농업정책(CAP)의 기조도 이미 농업소득 보전 프로그램 중심의 1지주(pillar 1)에서, 농촌 환경 개선, 농촌 생활의 질 향상을 비롯한 농촌개발정책의 2지주(pillar 2) 쪽으로 많이 이동했다. 주한 유럽연합 대표부에 따르면 유럽연합 농업 예산의 비중은 2019년 40퍼센트까지 줄었지만 농업 생산과 무관한 직불금 예산은 80퍼센트까지 늘었다. 90퍼센트의 가족농, 10퍼센트의 협동조합이 지키는 독일 농업과 농촌의 숙제는 더 이상 농업경제학만으로 풀 수 없다는 냉정한 판단을 내린 결과다. '사람 사는 농촌'을 위한 농촌사회학, 사회복지학의 해법이 더 유용하다는 결론에 마침내 다다른 것이다.

유럽연합 농가의 소득 대비 직불금 비중이 60퍼센트 넘게 보장되는 합리적이고 효과 있는 농정 덕분인지, 독일 같은 유럽연합 회원국의 식량 자급률은 대개 100퍼센트가 넘는다. 농가 소득 대비 직불금 4퍼센트 수준인 한국은 식량 자급률 50퍼센트, 곡물 자급률 24퍼센트(사료 포함) 수준으로 경제협력개발기구(OECD) 최하위권이다. 더욱 놀라운 것은 독일에는 농부들 스스로 '남보다 더 많이 생산하고 더 벌려는' 욕심을 통제할 수 있도록 법제화했다는 사실이다. 자칫 나와 내 가족, 생활과 생계 앞에 먼저 자신을 생각할 수밖에 없는 농민들이 출혈 경쟁이나 과잉 독과점의 유혹으로 내몰리지 않도록 아예 법조항처럼 명시해 놓았다. 1954년에 제정한 독일 농정의 4대 기본 목표인 '녹색계획(Green Plan)'이다.

"첫째, 농민도 일반 국민과 동등한 소득과 풍요로운 삶의 질을 향유하며 국가 발전에 동참한다. 경쟁력 향상, 소득 증대만 추구하면 대다수 소농들의 토대는 무너지고 이농을 할 수밖에 없다. 둘째, 국민에게 질 좋고 건강한 농산물을 적정한 가격에 안정적으로 공급한다. 농산물을 과대 포장해 비싸게 파는 것은 세금을 내는 국민을 배반하는 일이다. 셋째, 국제 농업과 식량 문제 해결에 기여한다. 자국의 먹을거리 문제 해결은 물론, 먹는 것으로 다른 나라의 목을 조이지 않는다. 넷째, 자연과 농촌의 문화경관을 보존하며 다양한 동식물을 보호한다. 농촌의 자연, 문화경관은 모든 국민이 즐길 권리다. 국도변, 아름다운 호숫가에는 상점도, 간판도 들어설 수 없다."

여기에 더해 독일 농정 당국이 누누이 강조하는 농업의 열 가지 기능도 농부들은 금과옥조의 경전처럼 되뇐다. 독일 농부들의 높은 자존감과 자부심의 이유가 여기 그대로 설명돼 있다.

"하나, 농업은 우리의 식량을 보장한다. 둘, 농업은 우리 국민산업의 기반이 된다. 셋, 농업은 국민의 가계비 부담을 줄여준다. 넷, 농업은 우리의 문화경관을 보존한다. 다섯, 농업은 마을과 농촌공간을 유지한다. 여섯, 농업은 환경을 책임감 있게 다룬다. 일곱, 농업은 국민의 휴양공간을 만들어준다. 여덟, 농업은 값비싼 공업원료 작물을 생산한다. 아홉, 농업은 에너지 문제 해결에 이바지한다. 열, 농업은 흥미로운 직종을 제공한다."

사회적 농부는
아무나, 함부로 하는 게 아니다

독일 국민의 2퍼센트 남짓 되는 사회적 농부들은 아무나 될 수 없다. 함부로 농사를 지을 수 없는 탓이다. 11살부터 농업학교에 들어가 농업전문대학까지 졸업하고 농업 마이스터 과정을 수료하고 농부 자격고시에 합격해야 한다. 국민의 먹거리, 생명을 책임지는 성직 같은 공익 노동을 아무에게나 맡겨서는 안 된다는 것이다. 게다가 독일 농부들은 혼자 욕심내거나 고립되지 않는다. 서로 협동하고 연대한다. 협동조합형(Gemeinschaft, Genossenschaft) 경영체를 함께 꾸리며 공동체 농업, 사회적 농업을 지향한다.

나아가 독일의 농부들은 농정 자치를 실현하고 있다. 농업회의소(Landwirtschaftskammer)를 통해 생산, 유통 과정에서 정부의 기능을 사실상 위임 받아 대행하고 있다. 주요 농산물은 농업회의소의 쿼터제로 생산 조정, 가격 조정, 수출입 간접 조정이 가능할 정도로 자치 역량을 과시한다. 심지어 민관 협치(거버넌스) 자치조직인 농업회의소를 앞장세워 세계무역기구(WTO)와 초국적 농기업의 통제와 지배 전략에 효과 있게 맞서기도 한다.

독일 같은 유럽연합 농정의 현장을 바라보면 '농부의 고단한 삶'은 단지 법, 정책, 제도의 문제가 아니라는 깨달음을 얻는다. 정부의 조치와 방침만 쳐다보고 있을 게 아니라는 각성이 든다. 정부에서 협동조합기본법 만든다고 협동이 되고, 마을공동체기본법을 만든다고 공동체가 이뤄지는 것은 아니라는 말이다. 법, 제도, 정책이라는 노력 이전에 무엇보다 농정을 바라보는 철학과 기초 패러다임부터 바꾸는 게 먼저다. 그것도 유기농업 농부를 키우는 교육부터 민주시민을 가르치는 학교에서 다시 새로 시작해야 한다.

따라서 한국도 농정 관련 법, 정책, 제도 개선을 통한 단순 약물치료 같은 방식이 아니라 사회 전체를 관통하는 외과 수술 같은 방식으로 국가와 사회정책의 판과 틀을 고치는 대공사가 필요하다. 협동하고 연대하는 독일의 사회적 농부는 농업학교, 농부 자격고시, 농부 마이스터 같은 독일의 사람 존중을 바탕에 둔 체계 있는 교육이 빚어낸 성과물인 것이다.

한국도 농부를 키우는 농업학교, 그리고 '생활기술직업학교'를 먼저 세워야 한다. 그리고 평생 농사라는 국가 기간산업에 헌신하고, 공익에 복무하는 농부는 공익요원이나 공무원 대우를 해줘야 마땅하다. 가령 독일처럼 직불금으로 소득을 충분히 보전해주는 것은 물론 65세가 되면 은퇴해서 충분한 연금을 받으며 사회안전망에 기대 노후를 누릴 수 있도록 대접해야 한다. 그래야 자식에게 얼마든지 자랑스러운 가업으로 물려줄 수 있다. 묘비에 자랑스러운 농부였다는 사실을 숨기지 않고 새길 수 있다. 그래야 농부가 농촌에서 살아남을 수 있다.

협동하고 연대하는 사회적 농부

독일과 오스트리아 농촌을 둘러보면서 '사회적 농부'의 개념과 정의가 저절로 세워졌다. 여기서 '사회적 농부'란

'문화경관 직불금, 가족농, 농업학교, 농업협동조합, 농업회의소, 유기농업, 사회안전망을 통해 국가와 정부의 돌봄을 받고, 국민으로부터 사회적 합의와 지지를 받으며 '돈 버는 농업'이 아닌 '사람 사는 농촌'을 위한, '농부의 나라'를 지키며 살아가는 농부'라 할 수 있다. 부러움과 존경의 마음이 뒤섞인 것이다.

우선 '사회적 농부'는 국가와 정부가 보살핀다. 독일 바이에른주 켐텐시 농업국의 문화경관 직불금은 켐텐 지역의 '사회적 농부'들을 먹여 살린다. 오스트리아 티롤 지역의 '슈바츠 농업회의소'는 오스트리아의 농부들끼리 자조하고 자치한다. 농업국도 농업기술센터도 굳이 따로 둘 필요가 없을 정도다. 정부는 '팔 길이의 원칙(arm's length principle, 공공에서 지원하지만 민간 자율성을 최대한 보장한다는 원칙)'으로 예산만 지원한다. 독일 하이델베르크의 '바덴 원예시험연구소'는 유기농업과 원예를 연구하고 개발한다. 사회적 농부가 되려는 농고생들이 해마다 의무로 실습하는 현장 학교역할도 겸한다. '라이파이젠 농민은행'은 고리부채의 불안과 공포에서 사회적 농부를 해방시켰다. 농부들의 힘으로 오늘날 유럽 최고 최대의 은행으로 성장했다. 사회적 농부가 되려면 중학생 때부터 공부를 시작한다. 농업 마이스터를 꿈꾸는 11살 소년들이 지역마다 농업학교에 모인다.

사회적 농부들은 대를 잇는다. 오스트리아 티롤의 '카이센호프 육우 농가'도 부부와 농사를 이어받은 아들이 낙농, 육가공, 체험 관광까지 180헥타르 정도의 대농을 경영한다. 독일 바이에른 켐텐의 딸부잣집 부농 '니더탄너 과수 농가'는 25살의 마이스터 아들이 대를 잇고 있다. 돈이 안 되는 낙농가로 고전하다 사방 80킬로미터 안 유일한 과수농가로 성공 신화를 일궜다. 오스트리아 티롤에서 부부와 아들이 운영하는 '디스마스 육가공 농가'도 소박한 가족농이지만 오스트리아 최고의 훈제 삼겹살 햄을 생산한다. 나가서 장사를 안 해도 먹고살 수 있다며 찾아오는 단골손님에게만 직판한다. 슈바츠 농업회의소 회원인 '피르히너호프 제빵 농가'도 마찬가지다. 역시 오스트리아 최고의 빵을 만들지만 스스로 생산하는 밀, 우유로는 많이 못 만드는 탓에 찾아오는 이들에게만 빵을 내어준다. 잘츠부르크의 '홀러 6차 농가'는 농사짓는 목수 남편과 농식품을 가공하는 아내가 공동 경영한다.

사회적 농부는 서로 협동하고 연대한다. 8명으로 시작해 30년 만에 1,500명의 사회적 농부들이 모인 독일 바덴-뷔템베르크 주의 '슈베비쉬 할 농민생산자조합'은 지역의 명소이자 소중한 사회적 자본으로 자리 잡았다. 유네스코의 세계문화유산인 500년 된 농가 주택을 개조한 오스트리아 티롤의 '빌더케제 공동가공·직판장'은 500여 개 지역 농가들에게 4~5배의 고부가 가치를 보장한다. 오스트리아 잘츠부르크에서 상공인과 농민이 연대해 운영하는 '잘펠덴 공동직판장'은 상공인, 노동자와 농민, 소비자와 생산자가 서로 상생하는 지역공동체 모델이다. 독일 라인란트팔츠의 '라인스바일러 와인 마을'은 포도와 와인으로 140여 곳 농가가 공생한다. 독일 카를스루에의 '클라인가르텐'은 도시민의 삶과 일과 놀이가 하나 되는 공유지 치유공간이다.

독일 국민의 별장지기, 국토의 정원사로 불리는 사회적 농부가 운영하는 농촌관광은 놀러가는 게 아니라 휴양하고 치유하는 것을 말한다. 새벽부터 도시의 광장에서 좌판이 펼쳐지는 '농민시장'은 사회적 농부와 시민들이 서로 상생하는 공동체 한마당이다. 들판의 고목 한 그루도 마음대로 벨 수 없고, 지붕이나 벽 색깔도 자연이나 이웃과 조화를 이뤄야 하는 '마을 유산'은 농촌과 농민의 미래에 다름 아니다. 독일, 오스트리아 어딜 가나 마치 중세로 시간 여행을 하는 듯한 신비로운 기분이 되는데, 바로 지역경제와 지역사회를 활성화시키는 '지역문화'의 힘 때문이다. 사회적 농부들이 지키는 '농부의 나라'이기 때문이다.

끝으로 독일과 오스트리아를 농촌 공동체를 직접 찾아가

'모두의 농업'을 일구는 '모두의 농부'인 사회적 농부의 삶과 실천, 이를 뒷받침하는 정부 정책을 ≪사회적 농부≫라는 제목으로 묶게 된 데는 여러 도움이 있었다. 특히 '사회적 농부의 나라' 독일과 오스트리아의 농업과 농촌 연수 길을 열어준 대산농촌재단과 흙살림, '사회적 농부의 길'을 안내해준 현지 지도교수 고 황석중 박사 덕분에 이 책이 세상이 나올 수 있었다.

* 이 책의 내용은 2016년 10월 28일부터 2017년 2월 8일까지 〈오마이뉴스〉에 연재한 '독일의 농부' 기사를 바탕으로 최근 상황을 반영해 새롭게 글을 쓰고 엮은 것입니다.

1

국가와 정부가 지지하는 사회적 농부

위 독일은 직불금을 통해 농부의 삶과 농촌의 문화와 경관을 보전한다.
아래 독일 켐텐시 유기농 과수 가족농가 피터 니더탄너 농장주의 막내딸

독일 농부 소득의 80퍼센트는 문화경관 직불금

문화경관 직불금을 지원하는 켐텐 농업국

독일 바이에른주 켐텐(Kempten)시에서 농사짓는 사회적 농부들 상황을 보면서 한국 농부들의 상황이 겹쳐졌다. 부럽기도 하고 안타깝기도 했다. 전 농업국장인 요제프 히머(Joseph Hiemer) 박사의 '독일 직불금 제도' 강의를 듣고 나서 든 생각이다. 바이에른주를 비롯해 독일은 물론 유럽연합에서 전면 시행하는 '직불금'이 독일과 유럽의 농부들을 먹여 살리고 있기 때문이다.

일단 이름부터 '농업직불금'이나 '농가 기본소득 보전직불금'이 아니라 '문화경관(Kulturlandschaft) 직불금'이다. 독일 직불금 제도는 실제 농가와 농촌지역에 효과를 발휘한다. 농가마다 농업소득의 80퍼센트를 직불금으로 보전받는다. 농민들이 생활고에 시달려 농업과 농촌을 떠나지 않도록 생활을 거의 책임지는 수준이다.

하지만 그토록 강력한 직불금 정책에도 독일 농가의 농업 경영은 적자 상태에 빠져 있다. 그토록 광활하고 비옥한 우량 농지(농가 평균 50~60헥타르)에도 적자라니 얼핏 이해되지 않는다. 독일의 소농들은 평균 한 해 동안 힘껏 농사를 지으면 3만 유로 정도 농업소득을 벌어들인다고 한다. 비용이나 세금을 다 공제하고 남은 순소득이며 물론 정부 직불금을 포함한 금액이다.

단순하게 비교한다면 한국 농가의 평균 농업소득(약 1,100만 원)에 비해 3배가 넘는 소득이다. 하지만 농업소득 80퍼센트를 보전하는 정부 직불금이 없다면 오히려 평균 농지 1.5헥타르를 일구는 한국 소농들보다 농업소득이 적은 형편이다.

농가마다 가계 지출이 4만 유로가 넘는다니 결국 1만 유로 적자를 감수하면서 농촌을 지키며 농사짓는 셈이다. 농식품 가공이나 농촌 관광 같은 6차 산업 농외소득, 목수, 원예사 같은 부업을 겸하지 않는다면 빚내서 생활해야 할 만큼 어려운 지경이라는 말이다. 결국 농업은 수지를 맞추기 어려운 구조적 저부가 가치 노동을 벗어날 수 없는 것인가.

만성 적자 농업의 돌파구는 직불금

무엇보다 2018년에는 직불금이 농가 소득 가운데 50퍼센트 정도를 차지해 점점 그 비중이 늘어난다는 사실이 걱정스럽다. 그만큼 초지에서 낙농을 주로 하는 독일 농부들의 농업소득 기반이 더욱 악화됐다는 것을 뜻한다. '물보다 싼 우유'라는 말은 단지 자조나 넋두리가 아닌 통계로 확인된 사실이다. 독일 농부들은 초지 1헥타르에서 우유 7,000리터를 생산해 1리터당 30센트에 판다. 고작 1헥타르에서 2,100유로에 불과한 소득이 돌아온다.

평균 농지 40헥타르의 낙농 농가일지라도 연간 농업매출은 1억 원에 불과하다. 여기에 농사 비용과 50퍼센트가 넘는다는 세금을 빼고 나면 남는 게 없다. 그래서 낙농 농가마다 만성 적자 경영, 급기야 이농과 폐농 위기에 시달리고 있다. 중국, 러시아 같은 해외 판로가 위축된 악영향에서 비롯된 현상이지만 애초 농사가 지닌 고노동-저수익형 산업이라는 구조에 따른 한계 때문이다. 그렇다고 "먹을거리로 타국의 목을 조르지 않는다"는 녹색계획의 철칙을 60년 넘게 고수하고 있는 독일로서 나라밖으로 물량을 밀어낼 수도 없다.

그래서 선진농업국 독일을 포함해 유럽연합조차 농업의

해묵은 저소득 구조를 해결하는 근본 해결책은 '직불금'밖에 없다고 판단한 것이다. 무엇보다 1984년부터 시행된 독일 문화경관 직불금 제도의 목적은 말 그대로 '아름다운 농촌의 문화와 경관'을 보전하자는 데 있다. 기껏 농사 소득이나 보전하려는, 오로지 상업적이고 농업경제학 관점에만 그치는 것이 아니다.

직불금 제도는 농부들이 농촌에서 '착하고 정의로운 사회적 농사'를 지으면서 먹고살 수 있도록 국가와 정부가 책임지고 나서서 지원하려는 농민생활보장 정책이다. 결국 공익을 추구하고 사회적이며 공동체 성격을 띠는 농업에 종사하는 이들의 기본 생활을 지켜주려는 목적으로 볼 수 있다.

농촌 문화경관을 지키는 농부에게 마땅한 보상을

독일에서는 헌법과 동등한 위상을 지니는 동물보호법에 '동물도 인간처럼 신의 피조물이니 인간이 보호해야 한다'고 명시돼 있다. 그래서 소를 고삐로 묶지 않고 닭을 닭장에 가두지 않는다. 하물며 독일 정부가 농민을 위하는 마음이 오죽할까 싶다.

독일의 직불금 예산 지원 재원은 유럽연합 50퍼센트, 독일 정부 30퍼센트, 주 정부 20퍼센트로 분담한다. 독일의

16개 연방마다 특징과 지급방식의 차이가 있지만 대개 목적과 원칙은 거의 동일하다. 기후변화를 막고, 토양 침식과 오염을 방지하고(예: 1헥타르당 920유로), 생태계 다양성을 유지하고(예: 1헥타르당 600유로), 문화경관을 보전하고, 윤리적 사육을 지원한다(예: 방목 소 1두당 50유로). 특히 환경보전직불(Die grüne Direktzahlung)을 강조해 국가별 직불금 예산의 30퍼센트를 추가 지급할 수 있다.

독일의 직불금은 한국처럼 땅을 많이 가진 대농의 농외 소득만 늘려 소농, 영세농과 소득 양극화를 오히려 촉진하고 강화하는 악법으로 작동하지 않는다. 유럽연합 직불금 예산도 넉넉하다. 2003년 공동농업정책(Common Agricultural Policy) 개혁을 계기로 전체 농정예산의 70퍼센트 수준을 유지하고 있다. 농산물 생산 실적에 연동해 보조금을 지급하는 이전 방식에서 생산 규모와 연계되지 않는 '생산 중립적 단일 직불제(Single Payment Scheme, SPS)'로 전환한 것이다.

이에 반해 한국의 직불금 제도는 일단 규모가 작고 형식적이며 실효성도 미미하다. 현재 운영되는 10개 직불금 제도는 저마다 목적, 예산, 법률, 지침, 운영 기준이 다르다. 복잡한 시행체계로 한정된 예산을 나눠 쓰다 보니 제도마다 예산 규모도 작을 수밖에 없다. 유럽연합처럼 농업을 공공재로 인정하고, 공익을 실현하는 여러 가치를 보상한다는 뜻에서 직불금 제도를 확대해 시행해야 한다.

독일 농부가 농사를 안 지으면 어떻게 될까

직불금으로 먹고사는 사회적 농부들은 자긍심으로 충만하다. 직불금은 농업에 종사하고 농촌에 거주하는 농민으로서 마땅한 보상이라고 생각한다. 식량은 물론 문화, 경관, 생태를 지키는 농부들은 "우리가 일을 그만두면 농촌의 문화경관이 어떻게 망가지나 보라"며 당당히 시위하는 경지에 이르렀다.

다만, 직불금 수혜에 따른 농부의 책무를 어기면 그만큼 강한 징벌이 가해진다. 금지된 제초제를 뿌리다 암행 감시에 걸리면 단 한 건의 위반 사례라도 정부와 연대해서 벌금을 비롯한 막중한 공동책임을 부과한다고 한다.

이처럼 독일 정부는 "농정공무원이 농민을 철저히 감시하고 있으니 국민들은 안심하고 농민의 농산물, 농식품을 구매하라"고 약속하고 있다. 농민은 국가를 믿고 국민은 농민을 믿을 수밖에 없다. 단순히 농민이 불쌍해서 시혜적으로 직불금을 지원하는 게 아니다.

독일의 직불금 제도는 농민들이 농촌을 떠나 도시로 몰려드는 것을 앞서 방지하기 위한 목적도 크다. 이처럼 직불금이 지켜주는 독일 농촌은 관광지가 아니라 옷깃을 여미고 차분하게 쉬러 오는 '국민의 휴양지'다. 농촌을 지키는 농민은 '국민의 별장지기'라고 불리며 스스로를 자랑스레 여긴다.

한국도 '농민 농가 직불금' 방식으로 바꿔야

한국농촌경제연구원에 따르면 2016년 경지면적이 10헥타르 넘는 대농과 0.5헥타르 아래인 소농의 직불금 수령액 차이는 약 50배로 양극화가 심각하다.

농지 면적 기준으로 지급되는 기존 방식은 합리성이 떨어진다. 농지를 많이 소유한 일부 대농에게 이익이 편중될 뿐이다. 농지를 많이 보유하지 못한 대다수 소농, 임차농에겐 해당 사항이 없는 '그림의 떡'일 뿐이다. 실제 농사를 짓지 않는 '위장 농민'들이 직불금을 부당하게 수령하는 폐해도 종종 일어난다.

그래서 김성훈 전 농림부 장관은 '농가 단위로 기본소득 직불금을 지급하자'고 제안한다. 법정 최저임금 소득의 50퍼센트를 농가에 보충 지원한다고 가정하면, 달마다 약 50만 원, 해마다 600만 원을 지급하면 된다. 이 기본소득을

'농가 직불금' 개념으로 전국 농가 110만 호에 일괄 지급한다면 연간 6조 6,000억 원 정도가 필요하다.

2016년 충청남도는 벼 재배 여부나 농지 면적에 관계없이 전체 농가에 균등 지급하는 '농가단위 직불금'제도를 시행하기로 결정했다. 도내 전체 쌀 농가의 65퍼센트를 차지하는 1헥타르 미만 소농가는 평균 20만 원 정도 직불금을 받는 반면 전체 7.6퍼센트에 불과한 3헥타르 넘는 대농가는 129만 7,000원을 받는 소득 불균형을 해소하려는 목적이다.

또한 충청남도는 농업을 유지하고 보전하기 위해 주민이 주도해 지역 환경과 생태 보전 활동을 하면 조건에 따라 '생태경관직불금'을 가산 지급하는 방식의 '농업생태환경프로그램' 시범 사업을 벌이고 있다. 이른바 유럽형 직불금 제도를 한국 상황에 맞게 변형한 것이다. 농가마다 한 해 최대 300만 원까지 지원을 받을 수 있으며 기존의 직불금과는 별도다. 충청남도가 합리성과 효율성이 떨어지는 한국형 농업 직불금 제도를 혁신하는 물꼬를 튼 셈이다. 기본소득 같은 효과를 발휘하는 '농민 농가 직불금'은 우리 농업과 농촌 문제를 해결한 근본 처방이 될 수 있다.

위 생태계 보호와 동물보호 위해 자연 방목 소에 직불금을 지급한다.
중간 독일 바이에른주 켐텐시 전 농업국장 요제프 히머(Joseph Hiemer) 박사
아래 피터 니더탄너 농장주가 농가 직불금을 설명하고 있다.

위 슈바츠 농업회의소는 농민들의 법적, 제도적 농정참여기구다.
아래 슈바츠 농업회의소 강의실

농민들이 자치하는 슈바츠 농업회의소

카길, 몬산토의 위협을 막는 유럽연합 농업회의소

나는 '자랑스러운 농민, 먹고사는 농업, 사람 사는 농촌'을 이른바 3농 정책의 목표이자 가치로 삼고 있다. 독일, 오스트리아를 비롯한 유럽연합의 '3농 정책'을 설계하고 지탱하는 핵심 정책과 구체적 전략은 직불금, 가족농, 협동조합, 그리고 농업회의소라고 본다.

한국농어촌복지포럼 공동대표인 정명채 박사도 '농업회의소'야말로 유력한 해법이라고 강조한다. 오늘날 우리 농업, 농촌의 위기를 극복하는 돌파구를 농업회의소에서 찾을 수 있다는 것이다. "자본이 정치를 지배하는 현실에서 농업이 살아남는 방법은 헌법에 보장된 농민대의기구인 농업회의소를 설립하는 것"이라고 절박하게 제안한다.

정 박사는 흔히 농업회의소를 기업인들의 상공회의소에 빗대 설명한다. 기업인들이 기업의 이익을 위해 상공회의소를 만들었듯, 농민들도 농민들의 뜻을 대변하기 위해 농업회의소를 만들어야 한다는 것이다.

'농업회의소'란 농업인의 대의기구로 헌법 제123조 5항 '국가는 농어민과 중소기업의 자조조직을 육성해야 하며 자율적 활동과 발전을 보장해야 한다'를 근거로 한다. 하지만 우리 농민들은 이미 법으로 보장된 농민의 권리를 모른 채 농사를 짓고 있었다. 정부는 2010년부터 10년 넘게 끌어온 '농어업회의소법'을 지난 2021년 8월에 국무회의를 통과시켜 법제화 가능성을 높였다. 하지만 여러 정치 여건을 들어 법제화 일정을 2022년 3월 대통령 선거 뒤로 미룬 탓에 국회 통과는 불투명한 상황이 됐다.

농민의 생계와 자존심을 지켜주는, 유럽연합 농업회의소

독일, 오스트리아를 비롯한 유럽연합 회원국 농업회의소(Landwirtschaftskammer)들은 농지와 농민을 지키는 최후의 보루다. 주(州) 정부 설치법에 근거해 설립된 농민자치기구로서 직업교육과 농업경영, 지도 상담이 고유 업무다. 아울러 주 정부에게 위임받은 농림사업을 집행한다. 특히 농지 감소를 막고 난개발을 규제하면서 농지 관리를 책임진다. 품목별 생산상한제(쿼터제)를 통해 적정 생산 규모를 유지할 수 있도록 하며 모든 농민의 생계와 자존심을 지키는 비빌 언덕 노릇을 한다.

수년 전부터 우리나라에서 '농업회의소'를 오랫동안 주장한 정명채 박사의 강의를 직접 들을 기회가 있었다. 농업회의소가 농업과 농촌 문제를 해결해 가는 중요한 고리라는 말에 공감을 표하지 않을 수 없었다. 정 박사는 한국에서 2차 가공은 공업, 3차 유통은 상업으로 구분되기 때문에 농민이 농식품을 개발해 가공하면 소관부처가 농식품부에서 중소기업청으로 넘어간다고 설명했다. 예를 들어 순창에서 만드는 고추장이 더이상 순창 농민의 공유자산이 아니라 대기업의 사유 상품으로 넘어가는 식이다.

하지만 유럽은 농산업체 지정 육성법이 있고, 농업회의소가 농업의 6차 산업, 농민의 성과를 끝까지 관리하며 지켜준다. 심지어 화장품 원료 공장, 제약회사들은 농업 법인 대표인 농민 출신 조합장이 경영을 책임지고 있다. 1차 생산은 물론 2차 가공, 3차 유통까지 농민이 '농업'의 울타리 속에서 시작부터 끝까지 책임지는 구조다. 이런 것이 6차 농산업의 바람직한 모델이라 할 수 있다.

세계무역기구, 카길, 몬산토와 맞서 싸우는 농업회의소

한국 농부의 표준형은 '평균 농지 1.5헥타르에서 연간 1,100만 원밖에 못 버는' 소농, 가족농, 영세농들이다. 그런데 경쟁 상대는 카길을 비롯한 5대 곡물 메이저 기업과 델몬트, 몬산토 같은 다국적 농기업들이다. 이들 다국적 농기업들은 세계무역기구, 자유무역협정을 등에 업고, 농산물의 유통부터 가공, 생산 기반까지 독점하고 있다. 그 결과 한국은 2020년 기준 사료용을 포함한 곡물자급률 20.2퍼센트, 식량자급률 45.8퍼센트 수준으로 절체절명의 국가적 위기 상황에 직면했다.

다국적 농기업이라는 거악은 지금도 세계 농업을 독점하기 위해 농업 개방을 압박하고 자국 농업 보호 정책을 무력화시키는 데 혈안이 돼 있다. 이에 맞서 유럽연합은 그 대응 전략으로 '직불금'이라는 혁신 카드를 꺼내들었다. 친환경 농산물을 생산하고, 환경을 보전하고, 전통과 문화경관을 지키는 공공재인 농업의 공익 역할과 기능을 국민들이 지지하도록 탄탄한 공감대를 만들었다.

이때 직불금 정책을 실행하는 핵심 전략은 바로 시행 주체가 누구인가에 달려 있다. 유럽연합은 정부가 아니라 농업회의소를 직불금 제도의 시행 주체로 결정했다. 겉으로는 정부와 협치하는 형식을 취하면서, 속으로는 '자국 농업 보호 정책과 지원에 대한 규제'라는 국제무역기구의 감시와 시비를 피해 가려는 고도의 전략인 것이다. 우루과이라운드와 국제무역기구 출범 뒤에는 대외 농정에 맞서는 자치 기능을 한층 강화하고 있다.

다국적 농기업 눈치를 보느라 쌀값 같은 자국 농민의 기본 소득도 보전하지 못하는 한국에 농업회의소가 반드시 필요한 이유다. 정명채 박사는 "현재 농민의 이익을 대변하는 농민단체, 연합체, 협의체들은 임의기구로서 정책 참여가 법적으로 보장될 수 없을 뿐더러 앞으로는 농민운동의 대항과 저항 방식만으로 문제 해결이 어려워지는 사회"라고 조언한다.

유럽 농업회의소도 산업혁명 뒤 농업 위축에 반발한 농민운동의 성과물로서 법적, 제도적 농정참여기구다. 정 박사는 "농업회의소 설립에 부정적이거나 비협조적인 정부와 기업, 농협중앙회의 방해를 이겨내고 농업 예산과 농업 기관과 농지를 지키기 위해 농업회의소를 반드시 설립하자"고 호소한다. 농민들이 가만히 있으면 다국적 농기업의 무차별 공세에 맞서 싸울 수 없다. 농업회의소 설립은 고사하고 농민의 기본 생계와 최소한의 자존심조차 지킬 수 없을 것이다.

농민들이 농정을 책임지는 슈바츠 농업회의소

유럽연합의 농업회의소 모델을 알프스 자락 산골 마을에서 목격할 수 있다. 오스트리아 티롤 주 주도인 인스부르크에서 동쪽으로 100리쯤 떨어진 로트홀츠(Rotholz) 마을이다. 농촌의 주인인 농민들끼리 자치하는 슈바츠(Schwatz) 군 단위 농업회의소이다. 티롤 주 농업회의소 산하 세 개 지역, 아홉 개 시군 단위 농업회의소 가운데 하나다.

오스트리아의 다른 농업회의소와 마찬가지로 기술 지도, 정책 지원, 교육, 인증 같은 우리의 농업기술센터가 하는 역할을 맡고 있다. 그래서 이 지역엔 농정과나 농업국 공무원을 따로 두지 않는다. 농업국이 하는 역할을 온전히 농업회의소가 해내고 있는 탓이다. 농업회의소장은 지자체장의 통제나 간섭을 받지 않는다. 6년 임기의 농업회의소 소장 또는 회장은 정규 공무원이 아니라 농민들 손으로 직접 선출한다. 오직 농민만 출마할 수 있다. 관의 통제를 받고 지배당하기는커녕 오히려 지자체장보다 상위 기관으로 권한을 행사하고 지역에서 대접받는다.

농민은 모두 농업회의소에 의무 가입해야 한다. 물론 연 40~100유로의 회비도 납부해야 한다. 로트홀츠 마을 피르히너호프(Pirchnerhof) 제빵 농가도 슈바츠 농업회의소 회원이다. 이들이 오스트리아 최고의 빵 맛을 내기까지 농업회의소의 지도와 지원이 큰 도움이 됐다. 포장지마다 슈바츠 농업회의소 회원 농가라는 자랑스러운 표식이 선명하다.

헬무트 트락슬러 슈바츠군 농업회의소장은 영화 〈사운드 오브 뮤직〉에서 본 듯한 오스트리아 전통 의상을 즐겨 입는다. 당연히 농민 출신이며 농민들이 투표로 직접 선출한 회장이다. 회의소 직원은 명실공히 여러 분야 농업 전문가로 구성된다. 정년이 보장되는 공무원에 준하는 신분이다. 농업회의소 인건비를 포함한 예산은 전액 정부에서 지원한다. 행정은 필요한 만큼 예산을 지원하고 운영에는 간섭하지 않는 '팔길이의 원칙(arm's length principle)'을 엄수한다.

'한국형' 농업회의소 말고 '정상적인' 농업회의소를

지금 한국도 해묵은 농정의 난제를 풀 열쇠로 '농업회의소' 입법화를 추진하고 있다. 다만 슈바츠 농업회의소 같은 곳처럼 효과를 보려면 관에서 먼저 힘을 빼야 할 것이다. 한국식으로 변형된 농업회의소가 아니라 온전한 농업회의소를 설계해야 한다.

농업회의소가 바르게 설립되면 오로지 농민만 좋은 게 아니다. 농정당국이 최고 수혜자가 된다. 농민을 대변하고 대표하는 농업회의소를 통해 농민 낱낱의 구호나 민원이 아니라 전체를 아우르고 조정을 거쳐 정제된 목소리를 들을 수 있다. 투명한 의사결정 체계를 통해 농업 현장의 목소리를 생생하게 듣고 대처할 수 있다. 정부 정책을 효과 있게 홍보하고 공지할 수 있는 것도 장점이다. 결국 '정부 또는 정책 실패'의 부담과 불신을 덜 수 있게 된다.

무엇보다 농업회의소가 제대로 설계, 설립, 운영되지 않으면 자칫 농업회의소가 관변단체로 전락해 농정의 거수기나 방패로 전락할 수 있다는 우려가 크다. 이전 시범 사업 과정에서 정부와 농민단체 사이 농정 방향과 기조에 대한 합의 없이 조직만 만들어졌다는 비판이 있었다. 농업회의소의 역할과 권한이 모호하고 목적이 분명하지 않으면 농업정책과 현장이 괴리되고 반목하는 일이 계속 되풀이될 것이다.

유럽연합을 비롯한 농업 선진국의 농업회의소는 공법에 의한 유일한 농민 대의기구로서 확고한 위상을 가진다. 따라서 농업인 대의기구로서 대표성을 부여하려면 법제화가 뒤따라야 한다. '돈'도 문제다. 사업을 안정되게 수행하려면 재정 기반이 안정돼야 한다. 지자체장 개인의 의지와 신념에 따라 사업이 파행되는 일도 예방해야 한다. 우선 유럽연합처럼 농업회의소장의 신분과 지위는 지자체장으로부터 독립돼야 한다.

가능하면 관의 경제 지원에서 자유로울 필요가 있다. 그러자면 회원들의 회비로 재정의 기초와 뼈대를 구축할 수 있어야 한다. 기존 농정기구와 업무가 중복되는 일을 막고 상충하는 요인을 줄이는 것 또한 중요하다. 따라서 사실상 '농민 자치'에 가까운 사업모델이 만들어져야 한다. 이를 통해 공익적인 위상을 세울 수 있을 것이다.

"농업의 발전과 농업인의 지위 향상을 위해 회원의 의견과 건의를 종합 조정해 정부 지방자치단체에 이를 반영함으로써 농업의 경쟁력 강화와 농촌진흥에 기여한다." 법안에서 밝히는 농업회의소의 설립 목적이자 존재 이유다. 이 내용대로만 실천할 수 있어도 상당한 수준의 모델을 만들 수 있다.

슈바츠 농업회의소가 있는 로트홀츠 마을 전경

위 슈바츠 농업회의소에서 교육받은 회원농가에게 주어지는 인증서와 메달.
아래 오스트리아 전통 의상을 입고 있는 헬무트 트락슬러 슈바츠 농업회의소 소장

위 하이델베르크 바덴 주립 원예시험연구소(LVG)
아래 바덴연구소 연구원들

생활 유기농업 연구하는 바덴 원예시험연구소

생활문화를 바탕으로 만드는 농업 정책과 교육

한국에는 '김영란법'이 있다. '부정 청탁과 금품 등 수수의 금지에 관한 법률'이다. 이 법이 만들어지면서 농민들이 생산하는 농산물 소비가 위축될까 불안해하는 상황이 발생했다. 법의 제정 이유와 목적에는 동의하지만, 이 법이 농사에 미칠 영향을 걱정하는 것이다.

실제로 법 시행 뒤로 특히 화훼산업이 크게 영향을 받았다고 한다. 이유는 단순하다. 평소 유통되는 꽃의 85퍼센트가량이 선물용으로 소비되는 국내 화훼시장의 구조 때문이다. 꽃은 보통 결혼, 장례, 인사, 졸업과 입학 같은 각종 경조사에 선물로 주고받는 경우가 대부분이다. 이러한 상황에 맞춰 생산하는 꽃의 종류도 단순하고 생산 주기나 일정도 획일화돼 있다. 따라서 화훼산업은 외부 조건에 영향을 크게 받는 시장이다. 법을 훼손하지 않고 이 문제를 해결할 수 있는 합리적이고 정의로운 대책을 찾아야 한다.

선물용에서 일상생활용 꽃과 농산물로

독일을 비롯한 유럽연합에서 그 해법과 대안을 엿볼 수 있다. 독일을 비롯한 유럽연합 시민들은 부담스러운 경조사 선물을 하지 않는다. 대부분 일상생활용으로 꽃(화훼)을 소비한다. 자연스레 농부(원예사)들도 일상생활용 화훼를 개발하고 재배한다.

독일 시민들에게 '꽃'이란 특별한 선물이 아니라 일상생활 속에 스며든 생활소품에 가깝다. 애초 꽃을 통해 부정 청탁 같은 부담스러운 동기와 불순한 의도를 품을 수 없다. 따라서 고가의 경조사 화분이나 과잉 치장한 화환이 화훼시장을 주도하지 않는다. 소박하게 장식한 화분, 기념일을 축하하는 꽃다발이 대부분이다.

독일 어느 도시를 가든 수백 년 된 고색창연한 고건축물의 베란다, 발코니마다 제라늄 같은 꽃 장식이 눈에 띈다. 가정집 정원에도 온갖 꽃으로 울긋불긋하다. 독일 시민들의 치유 정원인 170만 개 클라인가르텐(Kleingarten)에는 온갖 꽃이 만발해 있다. 마치 도시 전체가 꽃밭 같고 국토 전체가 생태 치유 공원 같다.

다행히 우리 농식품부도 선물용이 대부분이었던 꽃 소비 구조를 일상생활 소비로 바꾸려는 대책을 추진하고는 있다. 하지만 소비를 독려하고 소비문화를 바꾸는 정도 노력으로는 부족한 듯하다. 무엇보다 화훼산업의 발전과 성장을 위한 근본 정책이 앞서 만들어져야 한다. 시민들이 쉽게 접할 수 있도록 '일상생활용 꽃'을 개발하는 원예기술부터 시작하는 게 바람직할 것이다.

연구보다 교육에 더 힘쓰는 원예시험연구소

독일은 '농민'과 별도로 채소, 화훼를 전문으로 가꾸는 '원예사'가 다른 직종으로 분리돼 있다. '꽃'을 농사짓는 원예농업을 향한 관심과 기술 수요가 그만큼 높다. 정부의 농정 정책과 전략이 농업 현실이나 농촌 현장과 겉돌지 않는다는 말이다. 또 농정이 도시 시민들의 일상생활 속에 고스란히 녹아들어 도시의 생활문화를 선도하는 경지에 이르렀다는 말이다.

두 번째 방문한 중세의 고도 하이델베르크는 여전했다. 도시 전체가 꽃밭이자 생태 치유 공원 같았다. 하이델베르크 대학 광장도, 영화 〈황태자의 첫사랑〉의 학사주점 '붉은 황소'도 아름다운 꽃과 나무로 빛을 발하고 있었다. 이처럼 아름다운 동화, 상서로운 전설 같은 하이델베르크시의 경관도 독일 원예기술의 산물일 것이다.

하이델베르크의 화훼산업과 경관을 모두 책임지는 바덴주립 원예시험연구소(LVG)는 1952년 10월 과수와 채소 재배학교로 설립돼 60년 넘는 역사를 자랑한다.

특히 실용 농가 교육과 농민 후계자 실습 교육에 집중하고 있다. 농민의 기술을 심화시키는 교육도 필수다. 어쩌면 연구나 기술 개발보다 농부들의 교육에 더 힘을 쏟고 있는 것처럼 보인다. 크리스토프 힌체(Christoph Hintze) 연구소장을 비롯해 53명 연구원들이 하이델베르크와 바덴주 농부들의 생활과 생업을 지원하고 있다.

무엇보다 독일에서는 화훼만 특화해 전문으로 농사짓는 원예농업이 유망하다. 원예시험연구소도 1990년대 초 2,000만 마르크 이상을 투자해 4.5헥타르의 시험포 같은 교육 시험 연구시설을 확충했다. 그에 따라 교육 과목도 두 배 넘게 늘리고 심화했음은 물론이다.

종자부터 유기농으로, 농부교육도 중학교부터

원예시험연구소의 주요 시험, 연구 분야는 유기농 채소

재배, 관상용 식물 재배에 집중돼 있다. 특히 종자부터 유기농으로 개발하고 생산해 유기농법인과 유기농가에 보급하고 있다. 수자원 보호, 원예시설 기술, 원예 경영 기술도 중요한 업무다. 연구소의 온실은 지열 같은 신재생에너지를 사용한다. 여가를 활용한 정원관리법 교육을 통해 시민들의 '일상생활용 화훼' 소비를 촉진하는 역할도 맡고 있다. 힌체 연구소장은 물론 유기농 채소 담당 연구원 사비네 라이니쉬(Sabine Reinisch) 씨를 통해 화훼·채소 분야를 비롯한 독일 유기농업에 대한 확고한 농정철학과 연구개발 방법론을 충분히 공유할 수 있었다.

마침 연구소에는 고등학생 수십 명이 실습하고 있었다. 한국으로 치면 중학교 과정부터 시작되는 독일 농업전문학교 학생들이다. 고등학교 2~3학년 과정이 되면 국가와 원예협회 지원을 받아 의무로 한 해 2~3주 연구소의 현장 실습 교육을 이수해야 한다. 이들은 어릴 때부터 전문성을 갖춘 체계 있는 농업교육을 받는다.

바덴 원예시험연구소에 있는 꽃으로 장식한 카페 같은 농기구 창고

위 지열 에너지를 시험하는 유기농 화훼 온실
아래 하이델베르크 대학의 학사주점 '붉은 황소(Zum Roten Ochsen)'를 장식한 꽃

위 키르히베르크의 라이파이젠 은행, 농가 고리부채 해결사로 불린다.
아래 취리히 지역 라이파이젠 은행, 신용협동조합에서 출발했다.

고리부채 해결사 라이파이젠 농민은행

한국 농협은 '라이파이젠 농협'에서 시사점을 얻어야

독일 단슈타트(Danstadt) 지역은 광활한 채소밭이 지평선 너머까지 이어진다. 버스를 타고 달려도 끝은 쉽게 보이지 않는다. 마치 광활한 서해 갯벌처럼 느껴졌다. 라이파이젠 유기농·농자재 마트(ZG Raiffeisen Markt)는 그 평야 한쪽에 자리 잡고 있다. 한국으로 치면 농협의 경제사업장인 하나로 마트에 해당한다. 얼핏 겉으로 보면 상품 구성이 크게 다르지 않아 보인다. 하지만 독일의 라이파이젠 마트 매장을 찬찬히 둘러보면 한국 농협과 큰 차이를 발견할 수 있다. 매장 입구에 내걸린 '우리 지역에서 생산한 좋은 농산물(Feines aus unsere Region)'이란 현수막에 답이 있었다.

라이파이젠 마트는 수입농산물, 관행농법 농산물을 팔지 않는다. 이른바 유기농 로컬푸드만 취급한다. 이 같은 경영

철학은 스위스 국민 열 명 가운데 일곱 명 먹거리를 책임지는 생협 미그로(Migros)의 슬로건을 연상시킨다. "지역에서, 지역을 위해(aus der Region, für die Region)."

미그로 생협매장이나 라이파이젠 매장에는 공히 친환경농산물(Bio)보다도 지역농산물(Region)이 가장 좋은 자리에 진열돼 있다. 소비자들이 가장 선호한다는 뜻이다. 지역순환농업과 지역순환경제가 국민의 소비생활 현장에 넓고 깊게 자리 잡고 있었다.

독일 농민의 구세주, 신협의 아버지, 라이파이젠 시장

라이파이젠 마트는 일종의 농업 관련 복합 매장이다. 유기농산물, 유기농식품은 물론 유기농 종자, 유기농업 관련 농자재와 농기구를 모두 구비하고 있다. 도시 소비자는 물론 농민들도 웬만한 먹거리와 농자재는 이곳에서 모두 구할 수 있다. 이 같은 라이파이젠 마트의 경영철학과 매장 운영 방식을 제대로 이해하려면 먼저 모범인 '농가 고리부채 해결사' 라이파이젠 은행(Raiffeisen Bank)의 역사를 살펴볼 필요가 있다.

'라이파이젠'은 쾰른시 남동쪽 작은 농촌 마을인 바이어부쉬(Weyerbusch)의 시장이었던 프리드리히 빌헬름 라이파이젠(F.W.Raiffeisen, 1818~1888)의 이름에서 따왔다. 오늘날 신용협동조합의 아버지로 추앙받는 인물이다. 라이파이젠은 농민의 고리부채 문제를 해결하고자 신용협동조합을 만들었다. 19세기 독일의 봉건적 토지 소유자와 지배 권력자로부터 농민을 구원하려는 시대 사명감 때문이었다.

19세기 독일은 봉건적 토지 소유자와 지배 권력자가 야합한 산업혁명의 부작용과 악영향에 시달렸다. 도시 영세 독립 생산자들과 농촌 소작농들은 상업 자본가의 고리부채에 의존하며 가혹한 경제적 수탈을 당했다. 특히 1847년 대기근으로 독일 농민들은 기아에 허덕이며 극심한 민생고를 겪었다.

그때 굶주리고 죽어가던 농민들 앞에 라이파이젠이 구세주처럼 나타났다. 우선 마을 기금을 조성해 농민들에게 곡식을 외상으로 나눠주기 시작했다. 1849년 플라머스펠트 빈농구제조합(Flammersfeld Hülfsverein)을 본격 설립해 농민들에게 가축을 구입할 자금을 빌려줬다. 조합원 60명이 무한연대책임으로 돈을 빌려 가축을 사고 5년 동안 나눠 상환하는 대출방식이었다. 이렇게 농민들이 십시일반 힘을 모아 함께 세운 신용협동조합은 1862년 라이파이젠 은행(Raiffeisen Bank)이 됐다.

도시상인 시민은행과 농촌 신용협동조합이 손잡다

독일 경제의 기반은 가히 협동조합이라 할 수 있다. 독일 농업의 기반도 마찬가지다. 독일 농업을 유지하는 힘은 농업전문학교, 가족농, 문화경관 직불금, 농업회의소, 그리고 농민·농업 협동조합(Gemeinschaft, Genossenschaft)라 할 수 있다. 특히 1,300여 개에 달하는 신용협동조합, 시민은행(Volksbank)이 독일 경제와 농정을 떠받치는 저변이자 저력이라는 점은 의심할 여지가 없다.

특히 라이파이젠 은행은 협동조합이라 증권거래소 기업공개도 안 되고 외부 투자 유치도 어려워 자금조달이 쉽지 않다. 적정한 수익을 유지하며 경영하기가 일반 상업적 법인에 비해 쉽지 않다는 뜻이다. 그래서 자구책을 마련했다. 1890년부터 조합원들에게 배당을 하지 않기로 했다. 수익금은 라이파이젠 은행에 순 자기자본으로 차곡차곡 축적됐다.

결국 19세기 마을금고 수준에서 출발한 라이파이젠 신협은 오늘날 유럽을 대표하는 세계 수준의 은행으로 성장했다. 세계를 휩쓴 금융 위기, 재정 위기에도 흔들리지 않는 안정 경영을 고수하고 있다. 위기는커녕 오히려 조합원이 늘고 있다. 조합원 보호, 조합원 안전을 최우선으로 삼기 때문이다.

독일은 국민 4명 가운데 1명이 협동조합원인 협동조합의 나라다. 오늘날 독일을 가능하게 만든 원칙이다. 당연히 농민들이 세운 라이파이젠 은행 말고도 도시지역 상인들이 세운 협동조합은행도 많다. 도시 상인들이 1850년 설립한 시민은행(Volksbank)이 가장 두드러진다. 농촌과 도시에서 저마다 다르게 출발해 기반이 달랐던 두 은행은 현재 합병됐다.

독일 협동조합은행 성장 비결은 조합원 안전 제일

1,000여 개 협동조합은행 연합체인 프랑크푸르트의 독일중앙조합은행(Deutsch Zentral-Genossenschaftbank)은 상위 기구로서 협동조합은행의 안정된 경영 전략과 효과 있는 마케팅 전략을 책임진다. 또 우베 프뢰리히(Uwe Fröhlich) 독일시민은행 협동조합은행 연방협회(BVR) 의장은 "좋은 날씨에 좋은 것을 보는 것은 어렵지 않지만 궂은 날씨에 좋은 것을 보는 것은 능력"이라는 소신을 놓지 않는다. 바로 이러한 독일 협동조합은행의 전략과 원칙이 위기를 기회로 만든 원동력이다. 위기마다 조합원 보호, 조합원 안전을 지상 과제로 삼은 협동조합은행을 조합원들은 신뢰하고 지지

한다.

독일 협동조합은 예금자 보호를 위한 이중 보호제도를 운영하고 있다. 회원조합의 분담금으로 설립한 보장기금(Guarantee Funds)과 보장망(Guarantee Pool)으로 나뉜다. 보장기금은 회원조합에 심각한 위기가 닥치면 보증과 대출을 제공해 주고 보조금과 개선책까지 수립해 준다. 회원조합들의 보증으로 예금도 전액 보장된다. 예금 보호 한도에 제한이 있는 상업은행보다 더 안전하다. 게다가 자체 보호제도는 연방금융감독청 감독 아래 안정된 운영을 하고, 독일에서는 1930년대 뒤로 단위 협동조합은행이 파산한 적이 한 번도 없다고 한다.

'조합원 안전제일'의 독일 협동조합은행은 금융 위기, 유럽 재정 위기를 거치며 소비자의 신뢰가 더욱 높아졌다. 금융 위기 뒤로 오히려 조합원 150만 명이 늘어 2013년 조합원은 1,750만 명에 이르렀다. 해마다 30만 명이 신규 조합원으로 가입한 셈이다. 주주의 수익이 아닌 주인인 조합원을 위하는 협동조합원의 가치를 인정받은 것이다.

라이파이젠 농협을 배워야 한다

독일, 오스트리아 같은 유럽연합 어디를 가나 마을 중심

부마다 라이파이젠 농민은행이 자리 잡고 있다. 문득 한국의 농협이 가지고 있는 문제가 떠올랐다.

한국의 농협은 농민 소득을 위한 경제사업보다는 농협이 돈 버는 신용사업에 매달려 있다. 심지어 농민이 아닌 도시민을 주거래 고객으로 삼아 '이자 수입'에 열중하고 있다. 공익을 위한 협동조합이 아니라 사익을 좇는 일반 은행 같은 모습이다. 지역농협도 신용사업 수익에 목매고 있는 건 마찬가지다. 농업소득과 밀접한 농산물 생산·가공·판매 사업은 적자 사업, 환원 사업으로 소홀히 하고 있다. 게다가 비대한 중앙조직에 집중된 농협은 여러 문제를 쌓아왔다.

이른바 '신경 분리(신용사업과 경제사업의 분리)'도 제대로 이뤄지지 않았다. 오히려 협동조합 방식이 아닌 주식회사 방식으로 진행되면서 농협중앙회는 거대 지주회사로 변신하고 말았다. 농협중앙회는 '회원의 공동 이익 증진과 그 건전한 발전을 도모(농협법 제1113조)'를 목적으로 하는 연합회 조직으로부터 더욱 멀어졌다.

경제사업은 회원조합을 위한 연합 사업이 아니라 중앙회 자체 사업이 중심이 돼버렸다. 역시 지역조합이나 농민조합원의 경제적 이익을 우선하지 않는다. 결국 경제사업의 목적이 회원조합의 공동이익 증진이 아니라 중앙회 자체의 이익 극대화를 추구하는 꼴이다. 심지어 회원조합과 잦은 대립과 마찰을 일으키고 있다. 중앙회가 경제사업을 하는 사업목적과 책임의식조차 상실한 지경이다. 이 같은 문제는 중앙회가 지주회사 체제로 전환하면서 더욱 심화됐다.

농협의 개혁은 미봉책이 아니라 멀리 내다보고 추진돼야 한다. 이때 '회원조합을 지원하는 연합회'로 재편하는 비전부터 확고히 설정해야 한다. 경제 책무보다 사회 책무를 더 강조해 '협동조합'으로서 애초 가진 정체성을 회복할 필요가 있다. 가령 중앙회는 비사업 기능을 전담하고, 중앙회 출자 자회사 또는 주식회사가 아니라 중앙회로부터 독립된 회원조합 연합회 체제로 전환하는 게 최적의 해법이다. 농협은 '협동조합의 원형'으로 돌아가야 한다. '라이파이젠 농협'에서 해법을 찾아야 한다.

라이파이젠 마트는 유기농산물과 종자, 농자재와 농기구까지 판매하는 친환경 농업 복합매장이다.

독일 단슈타트 지역 라이파이젠 유기농 농자재마트

위 오스트리아 농업 마이스터 자격증
아래 바덴 주립 원예시험연구소에 실습 온 농업학교 학생들

농업 마이스터를 키우는 독일 농업전문학교

독일은 중학생도 '자랑스런 농부'를 꿈꾼다

    2014년 봄, 2016년 가을 두 차례 유럽연합 농촌농업 연수 과정은 여러 감동과 교훈을 줬다. 가장 인상 깊은 장면을 고르자면 청소년들이 등장하는 장면이다.

    2014년 오스트리아 티롤주 슈바츠군 농업회의소를 방문해 소장의 안내를 듣고 있는데 갑자기 주변이 시끌벅적해졌다. 작고 조용한 시골 마을에서 예상하지 못했던 소리라 얼른 돌아보니 한 무리의 아이들이 웃고 떠들며 걸어가고 있었다. 수업을 마치고 귀가하는 농업학교 학생들이었다.

    2016년에는 하이델베르크의 바덴 주립 원예시험연구소에서 다시 청소년들과 만났다. 역시 소장의 안내 설명을 듣고 있는데 가까이서 정과 망치로 돌을 깨는 소음이 들렸다. 연구소 한쪽 실습장에서 청소년 수십 명이 조경용 돌을 다

듣고 있었다. 농업학교 학생들은 해마다 2~3주 정도 연구소에서 꼭 농업 실습을 받고 있다고 한다.

독일에서는 농부가 되려면 농업학교부터 다녀야 한다. 아무나 농사를 지을 수 없다. 국민의 생명, 국가 식량 주권을 지키는 국가기간산업인 농업을 아무한테나 사사롭게 맡길 수 없다는 정신과 원칙이 있는 탓이다. 독일 농촌 아이들은 어릴 때부터 아버지 트랙터에서 놀며 농사를 놀이 삼아 배운다. 자라면서 자연스럽게 농업을 가업으로 물려받는다. 그들에게 농부는 자랑스러운 직업이다.

사회적 농부는 중학교 때부터 만들어진다

독일 농업직업학교는 독일 농업 생명력의 뿌리이자 바탕이다. 정부가 탁상에서 설계한 정책이 아니라 농업교육제도가 오늘날 '사람 사는 독일 농촌'을 만들고 지탱한 원동력이다.

독일에서는 3~6세 유아를 보살피는 유치원(Kindergarten)에서 교육이 시작된다. 교육이라고 해봤자 숲에서 아이들끼리 사이좋게 어울려 놀 뿐이다. 유치원에서 글을 떼지 못해도 괜찮다. 만 18세까지 이어지는 12년 동안 의무교육은 4년제 초등과정인 기초학교(Grundschule)부터 비로소 시작된다.

초등과정의 기초학교(Grundschule)는 오전 수업만 한다. 1학년 때는 읽기, 쓰기도 가르치지 않는다. 자기 의사를 자유롭게 표현하는 발표식 수업을 병행한다. 2학년까지는 성적도 매기지 않는다. 사회성, 창의성, 발달 상황에 대한 일반 평가만 할 뿐이다. 따라서 등수나 서열도 없고 놀이가 학습의 중심이다.

장래를 결정하는 중등학교 진로는 내신으로 결정한다. 4년 내내 한 담임교사가 맡아 학생의 수학 능력을 파악한다. 학생의 적정한 진로는 담임이 추천권을 가진다. 부모들은 이의 없이 담임교사의 판단을 존중하고 받아들인다. 초등학교를 졸업하면 세 가지 진로가 놓인다. 직업학교인 하우프트슐레(Hauptschule), 실업학교인 레알슐레(Realschule), 인문학교인 김나지움(Gymnasium)이다.

김나지움은 9년제 고등학교로, 독일의 대표 중등교육기관이다. 졸업 시험 아비투어(Abitur) 성적에 따라 대학 진학 자격이 결정된다. 19세기 전반부터 라틴어, 그리스어를 비롯한 고전 교양을 가르치는 전통을 자랑한다. 지금은 고전어 김나지움, 근대어 김나지움, 수학·자연과학 김나지움, 사회과학 김나지움으로 나뉜다.

직업학교에서 '먹고사는 기술'을

 직업교육을 담당하는 학교 1단계에서는 직업학교, 실업학교, 전문학교 세 종류로 나뉜다. 대부분 주(州)에서 직업학교, 하우프트슐레(Hauptschule)는 기초학교에 병설, 둘을 합쳐 국민학교(Volksschule)라 부른다. 실업학교인 레알슐레(Realschule)는 3~6년 과정으로 공업, 농업, 상업 같은 실무에 적합한 실용 교육을 배운다. 실업학교 6년 과정과 직업학교 5년 과정에서는 사회에서 필요한 일반 교육을 배운다.

 실업학교와 직업학교의 차이는 대학 진학 가능 여부로 구별된다. 실업학교는 학과과정에서 대학에 진학할 기회가 있으나 직업학교는 대학 진학이 목표가 아니다. 오직 마이스터가 되는 것이 목표다. 전기, 기계를 다루는 수준 높은 교육을 요구하는 직업들은 거의 실업학교인 레알슐레에서 교육한다. 하우프트슐레와 김나지움 중간 수준의 학교다. 반면 육체노동에 의한 단순 직업은 직업학교, 하우프트슐레에서 주로 가르친다.

 직업교육 관련 중등교육은 2단계로 나뉜다. 하우푸트슐레와 레알슐레가 1단계, 그 다음 단계가 별도 직업교육기관이다. 직업학교인 베루프슐레(Berufschule), 직업전문학교 베루프파흐슐레(Beruffachschule), 직업고등학교 파흐오버슐레(Fachoberschule)가 있다. 직업학교와 직업전문학교에는 하우푸트슐레 졸업생, 전문고등학교에는 하우푸트슐레와 레알슐레 졸업생, 김나지움 1단계 이수자가 진학할 수 있다.

하우프트슐레 9학년(레알슐레 10학년)을 마치고, 만 16~17세에 저마다 재능과 적성에 맞는 직업훈련학교에 입학하는 것이다. 직업교육기관에서는 주마다 나흘은 기업에서 마이스터와 기능공 지도로 실습을 받고, 하루는 학교에서 학업을 병행하는 이중 체계(도제 방식) 교육을 받는다. 졸업생들은 몇 해 동안 직장 경험을 쌓은 뒤 전문학교, 파흐슐레(Fachschule)에 진학, 기술전문가 인증인 마이스터(Meister) 시험을 치르거나 전문대학, 종합대학에 진학할 수 있다.

농업 분야에서는 도제교육을 병행한 3년 과정 농업직업학교를 수료하면 기능사, 파흐크라프트(Fachkraft) 자격이 주어지고 정식으로 취업할 수 있다. 직업학교 농업과와 농업경영체에서 3년 동안 이론과 실습교육을 마치면 농업회의소에서 주관하는 시험을 본다. 시험을 통과하면 '농업인, 란트뷔르트(Landwirt)'으로 불린다. 여기서 끝나는 게 아니다. 상급학교에서 더 공부해 국가 인정 전문 농업경영인이 되거나 마이스터(농업 장인)가 된다.

고등교육기관은 종합대학과 단과대학으로 나뉜다. 종합대학은 4~6개 학부가 있다. 단과대학에는 과학대학·기술대학·예술대학 세 종류가 있다. 과학대학이란 신학과 철학, 농학과 임학, 의학, 경제학 같은 한두 개 학부를 둔 단과대학이고, 기술대학은 서너 개 학부를 포함하는 공과대학으로서 공과종합대학이라 부른다.

마이스터만 농사 교사가 될 수 있다

학교와 기업에서 미처 배울 수 없는 기술은 '기술 센터'라는 실습장에서 마저 배운다. 보통 기술과 이론에서 벗어나 새로운 기술을 배우고 숙련하는 센터 역할이야말로 마이스터 제도의 핵심이다. 2년 반~3년 반 동안 기능공 훈련 단계를 거쳐 기능공 자격증을 얻으면 마이스터 과정을 밟을 수 있다. 직장을 다니면서 야간학교 과정을 이수할 경우 1년 반 정도 걸린다. 학교에 전념한다면 9개월 과정이면 된다. 이수 과정에서 낙오하는 학생도 포기하지 않고 6개월마다 다시 기회를 준다.

오직 마이스터가 돼야 실습생을 가르칠 자격을 갖는다. 마이스터는 곧 교육자다. 그래서 마이스터 이수 과정에서는 교육학도 필수로 이수하고 시험도 통과해야 한다. 마이스터와 동급의 대우를 받는 이론 중심 테크니커는 실습생을 가르칠 수 없다. 정규 대학을 이수한 엔지니어도 이론 작업이나 설계만 담당할 뿐 학생을 가르칠 수 없다.

독일의 마이스터(Meister) 제도는 1952년부터 시행됐다. 특히 식량 생산을 책임지는 농업을 최우선으로 중요시했다. 농업 분야 마이스터는 과수, 채소, 복합영농, 가축, 농기계, 조경, 정원 관리, 공원 관리, 산림 관리, 가정, 우유, 양조, 화훼를 비롯해 14개 분야가 있다.

농업직업학교를 수료하고 기능사 자격을 취득한 뒤 현장 경력이 3년 넘으면 마이스터 과정에 등록할 수 있다. 교육 과정 2년 동안 전공, 경영, 교수 세 과목을 이수해야 한다. 농업직업학교 견습생에게 마이스터 농장 실습은 특히 중요하다. 농장주인 마이스터의 농장 실습 평가에 따라 수료 여부가 좌우되기 때문이다.

한국에도 농업 마이스터가 있지만

한국에도 독일식 육가공 전문학교(홈메마이스터슐레)가 문을 열었다. 육가공으로 유명한 독일의 마이스터 양성 체계를 우리 실정에 맞게 최적화시킨 곳이라고 홍보하고 있다. 특히 정육점에서 즉석 육가공품 제조와 판매가 가능한 즉석 판매가공업을 제대로 운영하기 위한 전문 지식과 실기 능력을 효과 있게 습득할 수 있다. 발골에서 햄과 소시지 조리까지 즉석 판매가공업 맞춤형 수업을 표방한다.

농식품부도 농업마이스터대학을 운영하고 있다. 농업 최고 기술과 경영 능력을 갖추고, 농업인을 교육하고 컨설팅 해줄 수 있는 전문농업경영인(농업마이스터)을 육성하려는 목적이다. 주 1회, 2년 교육과정이다.

시험을 통과하면 전문 자격을 갖게 된다. 26개 품목 가운데 15년 넘는 영농 경력의 농업인은 응시할 수 있다. 지정된 전문농업경영인은 현재 농고, 농대생의 멘토, 현장실습 교수, 영농기술 컨설팅과 품목별 기술 자문위원으로 활동할 자격이 부여된다. 그러나 '한국식' 정도로는 뭔가 부족하다.

우리 농업의 살길은 간단하다. 기본으로 돌아가는 길밖에 없다. 그러자면 교육부터, 학교부터 다시 시작해야 한다. 전국 지역마다 '농사를 지어 먹고 살 수 있는 기술을 가르치는' 농업직업학교를 많이 세워야 한다. 거기서 농업마이스터를 인생 목표로 삼은 어린 농부들을 잘 가르쳐야 한다. 그 지점에서 다시, 새로 시작해야 한다.

위 독일 켐텐시 가족농 : 피터 니더탄너 농장주의 후계농 마틴
아래 오스트리아 로트홈츠 마을의 가족농 : 발터 클라이들 씨 농장주와 후계농 발터 주니어

2

가족이 대를 잇는 사회적 농부

위 카이센호프 농가
아래 카이센호프 친환경 육우 농장의 주인 앙커 씨

180헥타르 대농 가족농
카이젠호프 육우 농가

1차 아버지, 2차 어머니, 3차 아들이 이루는 6차 가족농

"180헥타르라고? 고작 세 식구가 54만 평 농사를 짓는다고?"

물론 거짓말은 아니겠지만 믿기 어려웠다. 일단 한 가족농이 감당하는 그 넓은 농장 규모가 이해되지 않았다. 물론 옛 동독 지역에는 몇천 헥타르 넘게 농사짓는 농가도 있다고 들은 적이 있다. 사회주의국가 시절 조성된 집단농장(협동농장)의 잔재이니 그럴 수 있다고 본다.

농지 180헥타르를 책임지는 가족농은 농가당 평균 농지 면적 1.5헥타르에 그치는 한국인 눈으로는 계산도, 이해도 되지 않는 비현실 규모가 아닌가. 그것도 부부와 아들, 겨우 셋에서 소도 키우고 햄도 만들고 산장까지 관리한다니. 어쨌든 내 눈으로 직접 보기 전에는 믿기 어렵다는 생각으로

농장을 찾아갔다.

하지만 농장에 도착하는 순간 믿기지 않던 마음이 바로 사라졌다. 광활한 초지와 울창한 임야가 눈에 가득 들어차 말문을 막아버린 것이다. 오스트리아 티롤 지역 오베른도르프(Oberndorf)의 카이센호프(Keissenhof) 농장은 이른바 친환경 육우 농가로 유명하다.

앙커(Anker), 마르가레테(Margarete) 부부와 후계자인 아들이 함께 운영하는 2대 가족농가(Famillie Anker)다. 이 집만 그런 게 아니다. 독일이나 오스트리아에서는 아들이 자연스럽게 농업을 가업으로 이어 받는다. 아들이 없는 집은 딸이 자리를 잇는다. 초등학교를 졸업하는 10살 무렵부터 농부가 되고자 농업학교에 진학한다.

자연 방목한 행복한 소와 함께 산다

앙커 가족농은 가족이 함께 하는 농업이지만 결코 주먹구구식이 아니다. 역할분담이 마치 기업농처럼 체계를 갖췄다. 농장주인 아버지 앙커 씨는 육류 마이스터다. 농장 전체 관리와 경영을 책임지는 육우 전문가로서 단연 농장의 최고경영자(CEO) 직책에 걸맞다.

부인인 마르가레테 씨는 공장장(CTO)과 판매 마케팅 책임자(CMO)를 겸한다. 햄, 소시지를 가공해 부가 가치와 수익률을 높이고 가공한 육가공품을 농장 직매장에서 직판한다. 아들은 아버지를 도와 농장을 관리하고 뒷산의 고산 방목지에 자리 잡은 산장 식당도 맡아 꾸리면서 농장주 후계자 수업을 받고 있다.

농지 180헥타르는 대부분 임야다. 1헥타르마다 소 한 마리를 사육하는 게 유럽연합 육우농장의 운영 원칙이자 사육 규칙이다. 이 농가도 그 기준에 맞춰 육우 약 150두를 사육하고 있다. 그 가운데 90두는 고산지에 방목한다. 고삐나 코뚜레를 하지 않고 자연에 마음껏 풀어놓는다. 사료가 아니라 자연이 베푸는 온갖 산야초를 마음껏 섭취하고 성장한 소가 얼마나 건강할지 믿음이 간다.

직판 말고도 지역 호텔이나 식당에 납품할 정도로 카이센호프 농가의 육우는 경쟁력이 있다. 자연에서 방목해 건강하게 자란 수소를 거세하는 게 비결이다. 2년 6개월 동안 650킬로그램까지 자라면 농가에서 직접 운영하는 도축장에서 도축한다. 유럽연합의 도축장 기준에 따르면 일정 시설과 기준만 갖추면 농가에서 도축할 수 있다. 다만 주마다 수의사에게 철저한 검사와 확인을 받아야 한다.

2차, 3차 사업은 농부가 아니라 사업자

육가공은 1985년부터 시작했다. 수의사와 도축기술자의 지원을 받아 주마다 돼지 10마리, 1~2주마다 소 1마리를 잡는다. 돼지는 200마리 정도 키운다. 세 달 정도 잘 말린 참나무를 태워 연기를 쐬는 방식으로 공들여 햄을 만든다. 가공회사에서 기계로 단 며칠 만에 만들어낸 훈제 육가공품과는 비교할 수도 없는 명품 슬로푸드다.

평야 지대 20헥타르에는 따로 옥수수를 재배한다. 소를 먹일 사료로 쓰기 위해서다. 육우 사료는 거의 자급하는 셈이다. 겨울철에는 50여만 평 고산지에서 자생하는 너도밤나무, 가문비나무를 가공해 연료로 쓴다. 가정, 축사의 난방 문제도 자체 해결한다. 아들과 함께 운영하는 고산지 방목장 식당에는 트레킹 관광객들이 주로 찾는다. 여기서도 고기와 육가공품을 직판한다.

방목하는 소는 한 마리당 직불금 70유로를 받는다. 모두 150마리를 키우니 연간 1만 유로의 직불금 소득이 따로 생긴다. 여기에 평야 초지 1헥타르에 600유로를 받으니 연간 1만 2,000유로가 더해진다. 직불금 말고 정부에서 오스트리아 가족농에게 지원되는 보조금은 거의 없다. 1차 생산을 위한 시설 투자로 축사 신축 정도만 지원되는 수준이다.

2차 가공사업, 3차 유통사업을 위한 시설보조금 지원은 전무하다. 지원은커녕 2차, 3차로 넘어가면 농업이 아닌 공업이나 상업으로 취급받는다. 그때부터 농부가 아닌 돈을 벌기 위한 목적의 사업자로 간주하는 것이다. 오히려 농부보다 훨씬 엄격하게 세금이 부과되는 불이익을 받을 뿐이다.

가족농이 농업을 책임진다

이처럼 농산물 수출 세계 2위인 유럽연합 농업은 주로 가족농이 이끌고 있다. 가족농이 식량 생산 70퍼센트를 감당한다. 세계식량농업기구(FAO) 조사에 따르면 조사국 93개국 가운데 80퍼센트 농가가 가족농인 것으로 밝혀졌다. 한국도 마찬가지다. 2020년 말 현재 3헥타르 미만 가족농 숫자는 96만 호 정도로 전체 농가의 93퍼센트 가량을 점유한다.

2014년은 국제연합(UN)이 지정한 '가족농업의 해(International Year of Family Farming)'였다. 국제연합도 가족농이 식량 안보와 영양 개선, 빈곤과 기아 극복, 환경과 생물다양성 보전, 지역경제 유지에 큰 역할을 하고 있다고 인정한 것이다. 가족들이 소규모로 다양한 복합 영농활동을 통해 세계 식량 안보와 자연자원 보호를 선도하는 점을 가족농의 중요한 역할이자 가치로 평가하고 있다.

기업농 위주 정책을 펴는 한국 정부도 가족농 육성 정책이 없는 것은 아니다. 정부는 "가족농을 육성하기 위해 전업농을 중심으로 규모 확대를 촉진하고, 젊은 후계 가족농을 양성하며, 전문성과 규모를 키우기 어려운 가족농은 다른 기관과 협동할 수 있도록 유도하겠다"는 입장을 이미 밝혔다. 하지만 지난 이명박 정부가 "2012년까지 기업형 주업농 20만 명과 1만여 개 농업법인을 육성하겠다"며 만든 농업선진화법에 이를 철저히 가려 버렸다. 그 결과 대다수 소규모 가족농은 정부 관심 대상에서 소외되고 규모가 있는 전문 기업농, 대농들과 경쟁하느라 점점 해체되어 왔다.

오늘날 한국 농업의 살길, 그리고 식량 주권을 지키는 최후의 보루는 가족농이다. 정글 같은 세계자유무역협정 시대에 미국, 호주 같은 초국적 거대 농기업과 겨루겠다고 농지 집단화, 수출기업화 같은 규모의 경제를 추진하는 정책은 불필요하고 현실성도 없다. 건강한 소규모 가족농을 중심으로 지역 전통 자원에 기반을 둔 친환경 지역순환농업이 최선의 대책이다.

한국도 독일, 오스트리아 가족농처럼

전북 군산 옥구읍에도 독일이나 오스트리아 농부들처럼 2대가 대를 이어 농사짓는 가족농 '더미들래(www.themdr.com)'가 있다. 5만여 평 너른 논에서 친환경으로 농사지은 쌀로 '구워 먹는 떡'을 가공해 직판도 하고 체험도 하는 한국형 6차 농업 모델이다.

무엇보다 귀농 30년차인 부부와 한국농수산대 출신 후계농인 두 아들이 함께 농장을 경영하는 모습이 인상 깊었다. '더미들래'라는 농장 이름에 이 가족농이 농업에 임하는 자세와 농업 경영 철학이 그대로 함축돼 있다. "군산 들녘의 쌀로 믿고 먹을 수 있는 좋은 먹을거리 생산에 앞장 서겠다"는 뜻을 새긴 것이다.

특히 농장을 이끌고 있는 큰아들 두병훈 씨는 고등학교까지 미국에서 공부하고 귀국해 농수산대학에서 농업을 공부했다. 2011년 영농 후계자로 선정되면서 '돈 되는 농업'을 위한 연구와 개발에 집중했다. 쌀농사와 재래식 두부, 장류 가공으로 고전하던 부모님의 고생이 안타까웠던 그는 시행착오 끝에 결국 혁신 돌파구를 마련하는 데 성공했다. 농장을 '떡 공장' 중심 6차 농업 경영체로 과감히 전환한 것이다.

'구워 먹는 떡'은 큰 관심을 받았다. 치즈, 고구마를 첨가

한 떡이 간식 시장에서 통한 것이다. 부모가 서해안 청정 간척지에서 직접 쌀을 농사지은 덕에 가능한 일이었다. 1차 농업의 토대가 그만큼 탄탄히 구축돼 있어 2차, 3차로 성공할 수 있었다.

더미들래의 성공은 독일, 오스트리아의 가족농처럼 가족경영 방식이 큰 힘이 됐다. 30년차 쌀농사 전문가인 아버지는 1차 농산물 재배, 두부와 장류 가공 경험이 풍부한 어머니가 2차 농식품 가공을 맡고 있다. 두 아들은 3차 온·오프라인 직판과 마케팅을 맡았다. 한국형 가족농의 새로운 가능성과 전망을 당당히 열어가고 있다. 농부가 농촌에서 아름답게 농사짓고 행복하게 살 수 있는 길이 먼 데 있지 않다는 것을 보여주고 있다.

위 체계를 갖춘 전문성 있는 가족농이 육가공품 직판장도 직접 운영한다.
아래 앙커, 마르가레테 부부

위 라이자흐 유기농 사과 농장은 과수 농업 전문성을 기반으로 체험형 농장을 운영한다.
아래 이동식 자연방사형 닭장

딸부잣집 부농 가족농
니더탄너 과수 농가

사방 80킬로미터 안 유일한 80헥타르 '유기농 과일공원'

"동서남북 사방 80킬로미터 안에 과수 농가는 여기 말고 없어요. 유일무이한 과수원이죠."

농장은 독일 남부 바이에른주 켐텐(Kempten)시, 이른바 알고우(Allgaeu) 지역 중앙부에 자리 잡고 있다. 알고우 지역이란 독일 남부 해발 700~1,200미터 고지대 지역을 일컫는 말이다. 연평균 기온이 낮고 강우량이 많아 과일을 재배하는 데 적합하지 않은 조건이다. 게다가 토양마저 척박해 녹비작물을 재배해 토양 유기물 함량을 보충해도 좀처럼 비옥한 토양으로 개량되지 않는 곳이다.

그래서 어쩔 수 없이 알고우 지역 거의 모든 농민들이 초지에 기반을 둔 낙농업을 한다. 그런데 문제는 우유가 돈이 되지 않는다는 점이다. 최근 저부가 가치인 우유 원물의 채산성이 낮아져 수지가 맞지 않는다. 1리터에 25센트 정도 헐값에 팔아넘겨야 한다. 낙농에 매달리는 농가 대부분 형편이 어렵다.

페터 니더탄너(Peter Niederthanner) 씨도 사정이 다르지 않았다. 아들 하나에 딸이 넷, 아이만 모두 다섯이다. 고민 끝에 아무도 쉽게 할 수 없는 용기 있는 결단을 내렸다. '우유 농사'를 과감히 포기하고 '과일 농사'로 전환하기로 결심했다.

물론 쉬운 일이 아니었다. 지역에서 아무도 시도하지 않던 일이었다. 정신 나갔냐는 소리까지 들었다. 과일을 재배하기 어려운 알고우 지역 토양과 기후에서 당연히 시행착오와 실패를 거듭했다. 그러나 결국 '과수에 미친' 창조적인 농부 니더탄너 씨는 과일 농업 전향에 성공했다. 이제 최소한 연간 수억대 넘는 수입을 올리는 과수 특화 농가로 지역의 명사가 됐다.

80헥타르에 온갖 과일이, 과수원보다 '과일 공원'처럼

니더탄너 농장주는 어느덧 알고우 지역에서는 하나의 성공신화가 된 듯하다. 니더탄너 가족농이 경영하는 라이자흐 유기농 과수원(Reisach Früchtegarten)은 사방 80킬로미터 안 유일한 과수 농가니 말이다. 말 그대로 누구와도 견줄 수 없는 위상과 가치를 지니고 있다. 그만큼 여기서 생산하는 과수는 희소가치와 부가 가치가 높다. 기후나 토양이나 과수 재배에 부적합한 독일 남부 고원지대 알고우 지역에서 최초로, 그것도 유기농으로 과일 재배에 성공한 사람에게 주어진 응분의 값진 보상인 셈이다.

20대 중반인 외아들 마틴 씨는 여느 독일 가족농이 그렇듯 당연히 아버지의 농장을 잇기 위해 영농 후계자 수업을 착실히 받고 있다. 어릴 때부터 그는 부모를 따라 농장 이곳저곳을 트랙터로 누비고 다녔다. 지금은 3년제 농업전문학교를 졸업하고 과수마이스터 과정을 이수하면서 과수 전문 농업장인의 길을 성실하게 가고 있다.

네 딸도 농장 일을 직간접으로 거들고 있다. 10살이 채 안 된 어린 막내딸까지 양계장, 직판장에서 한 일꾼 몫은 거뜬히 맡을 정도다. 농부 현업에서 사실상 은퇴한 니더탄너 씨 아버지도 여전히 농장을 지키고 있다. 일종의 고문 역할이다. 이로써 어엿한 3대 가족이 지속가능한 영농 기반을 유지하고 있다.

라이자흐 과수 농장이 위치한 곳은 해발 700미터, 연평균 기온 7도씨 고산 평야 지역이다. 총 80헥타르의 광활한 과수

원에서 사과, 배, 자두, 버찌, 딸기, 복분자 따위 온갖 제철 과일을 연중 직판한다. 주작목은 딸기와 사과다. 각각 6~7헥타르, 6헥타르 정도 된다. 사과 농장 가운데 2헥타르는 방조망으로 특별히 관리한다. 베리류(Johannis Berry)도 3헥타르를 재배한다. 버찌도 중요한 작목인데 농사가 어렵다. 4월 초가 되면 설해(냉해)를 크게 입기도 한다. 그만큼 과수에 적합지 않은 조건이지만 이를 극복하고 성과를 내고 있다.

쐐기풀 가공, 딸기 수확 체험 같은 독일형 6차 농업 모델

농장의 주 수입원을 차지하는 작목은 단연 사과다. 절반은 수확하는 제철에 바로 직판하고, 절반은 저장해두고 한 해 동안 판매한다. 품종도 다양하다. 수확철에는 가족 일손만으로는 감당이 안 돼서 루마니아에서 품삯을 주고 일꾼들을 따로 불러 쓴다. 그런데 고작 3~4명만으로도 충분히 작업이 가능하다고 한다.

적기에 수확하려면 사람 손을 많이 빌려야 하는 딸기는 손님 손에 맡긴다. 농장을 찾아오는 고객들이 체험 삼아 직접 따가도록 하는 것이다. 농장 입장에서는 따로 인건비를 들이지 않아서 좋고, 고객 입장에서는 신선한 딸기를 직접 눈으로 보고 골라서 싸게 사갈 수 있으니 서로 도움이 된다.

한창일 때는 하루에 소비자 500~600명이 농장을 찾아 직접 수확 체험을 한다. 1인당 1만 원으로 잡으면 하루에 500만 원 수입이 생기는 셈이다. 한 달에 20일 정도 진행한다고 치면 월 수입은 1억 원이다. 조생종과 만생종을 함께 재배하면 6월에서 8월까지 8주 정도 수확 체험을 운영할 수 있다. 딸기 수확 체험이라는 3차 농촌 체험 프로그램 하나만으로도 연간 2~3억 원의 고소득을 올리는 셈이다.

나머지 16헥타르 초지에는 따로 유기농 쐐기풀을 재배하는 것도 이채롭다. 쐐기풀은 독초 가운데 하나다. 잎과 줄기에 포름산이 든 가시가 있어 피부에 닿으면 가렵고 따끔거린다. 쐐기나방의 애벌레에 물린 듯 따끔거려 쐐기풀이라 부를 정도다. 한방에서도 관절염, 빈혈 따위에 약효가 있다고 알려졌다. 이곳 쐐기풀은 이뇨제 원료로 펠렛 형태로 가공해 제약회사에 납품한다. 100킬로그램당 20만 원의 부가 소득을 올린다.

건강한 유정란을 지역 주민에게

초지 한쪽에는 자연 방사한 닭 800마리가 마음껏 뛰놀고 있다. 유정란을 생산하려는 목적이다. 그런데 닭장의 모양과 효능이 기발하다. 말 그대로 이동식 컨테이너 양계장이다. 닭이 목초지 한곳의 풀을 다 먹으면 트랙터가 컨테이너를 끌고 다른 목초지로 이동하는 식이다. 이렇게 50퍼센트는 초지의 천연 자가 사료로 충당한다.

동물도 사람처럼 신의 피조물로 여겨 윤리적 사육을 해야 하는 독일 농가답게 닭이 건강하게 자랄수 있도록 단백질 공급을 위한 콩도 따로 재배한다. 닭에게 사료 주는 일쯤은 농장의 어린 막내딸이 돕는다. 마치 숙련된 조련사처럼 닭을 몰고 다니고 번쩍 안아 손님에게 보여주는 자세가 능숙하다.

생산한 유정란은 멀리 나가 팔지 않는다. 대부분 지역주민들이 믿고 구매해 간다. 굳이 소비자의 불신을 해소하기 위해 공공기관 인증을 받는 식으로 이력 관리를 할 필요가 없다. 판매자나 구매자나 들쑥날쑥한 알 크기는 상관하지 않고 무게를 달아 1킬로그램에 4.5유로를 받는다. 일반 농가의 경우 10개에 1.5유로 정도 받으므로 대략 2.5배 정도 높은 가격에 파는 셈이다.

다양한 과일을 생산하니 다양한 가공품도 생산한다. 갖가지 과일을 원료로 한 증류주는 기본이다. 농가당 연간 200리터까지 면세로 가공해 팔 수 있으니 웬만한 농가에서는 술을 만들어 판다. 이 농장에는 1억 원에 가까운 고가의 최신 증류기가 설치돼 있다. 방문객들을 대접하기 위해 작은 농가 레스토랑도 운영하고 있다. 생과로 팔 수 없는 과일은 잼이나 소스로 가공해 직판한다. 귀한 농산물을 함부로 버리지 않는다.

니더탄너 가족농의 농업경영 철학, '자연에 가까운'

페터 니더탄너 농장주의 농장 운영 방침, 또는 경영 철학은 한마디로 '자연에 가까운'이다. 수억대 고소득을 올리는 과수 농가로 거듭난 원동력이자 농부로서 살아가는 이유다. 농장주 외아들은 어엿한 후계농으로 아버지가 할아버지로부터 농업을 물려받았듯 자신도 농사라는 가업을 이어받았다. 농장에서 태어나 농장에서 자랐으니 그게 너무도 당연하고 자랑스럽다.

독일을 비롯한 유럽연합 국가 정부들은 농업이 농산물 생산 말고도 여러 가지 다채로운 기능을 바탕에 두고 다양한 공공재를 생산한다고 여긴다. 그 사실을 세금 내는 국민들에게 이해시키고 각인시키려는 노력을 아끼지 않는다. 정부의 노력과 지원에 부응해 직불금을 받는 농부들도 그에 따른 녹색 의무를 실천한다. 그래서 다양한 작물을 재배하는 영농을 추구하고 건강한 초지를 유지하고 생태적인 지역 환경을 보전하려고 노력한다. 니더탄너 유기농 과수 농가는 그 대표 모델로서 손색이 없다.

한국에도 그런 '자연에 가까운' 유기농가가 있다. 부안의 이레농원은 귀농 15년차 귀농인이 고집스럽게 유기농 오디를 생산하는 농가다. 전국 오디 생산량의 20퍼센트를 차지하는 부안군에서도 보기 드문 성공 사례로 평가된다.

이토록 철저히 유기농법을 고수하는 게 이 농장의 경쟁력이다. 농약 대신 칼슘과 미네랄이 풍부한 해양심층수와 이엠(EM, 유용 미생물)으로 천연 영양제를 만들어 쓴다. 이레농원의 오디가 알이 유난히 굵고 병충해에 강하고 당도 높은 비결이다. 1차 농사에 그치지 않고 뽕나무 뿌리부터 열매까지 버리는 것 하나 없이 식초, 오디 농축액, 뽕잎차, 뽕나무가지차, 누에가루로 개발하고 가공해 판매한다.

이레농원도 가족농이다. 두 딸이 70대에 접어든 부모가 일군 농장을 이어받을 준비를 하고 있다. 프랑스에서 10년 동안 조경 디자인을 공부한 디자이너인 작은 딸이 농장 경영과 관리를 맡고 있다. 전공과 주특기를 살려 경관이 아름다운 유럽형 과수원 모델을 설계하고 있다. 작가인 장녀는 블로그, 에스엔에스를 누비며 홍보 마케팅을 책임지고 있다. 독일의 니더탄너 유기농 과수 가족농가처럼 유기농 6차 농업 가족농의 한국형 모델을 실천하는 생생한 현장이다.

위 농가당 해마다 200리터까지 면세 생산할 수 있는 과일증류주 양조장
아래 사방 80킬로미터 안 유일한 과수 농가, 라이자흐 사과 과수원

위 알프스 자락 티롤 미에밍 마을에 자리 잡은 디스마스 육가공 농가
아래 욕심 내지 않고 농사짓는 알버 마틴 농장주 부부

느리게 가공하는 디스마스 육가공 농가

먹고 살 만한데, 왜 농사가 아닌 '장사' 욕심을?

독일 남자들은 은퇴하고 오스트리아로 귀농하는 게 소망이라고 한다. 한 시대를 풍미한 독일의 축구 황제 프란츠 베켄바워도 오스트리아로 이주해 여생을 보내고 있다고 한다. 오스트리아에 가보면 그토록 그곳에서 살고 싶어하는 지 이해된다.

오스트리아는 우선 알프스가 연출하고 선사하는 천혜의 자연 풍광과 청정 환경이 큰 매력이다. 전 국토가 생태공원 같다. 사람들이 모여 사는 마을도 자연스럽게 보전돼 있다. 여기에 수백 년 전 신성로마제국 시절부터 전승된 농가 고택 같은 농촌 전통 문화가 현대에 살아 숨쉰다. 게다가 모차르트, 하이든, 브람스, 슈베르트를 배출한 음악의 나라다.

오스트리아에서 단연 압권은 티롤(Tirol) 지역이 아닌가 싶다. 모든 지역이 알프스 산맥 지대 산수화처럼 펼쳐져 있다. 먼 옛날 바다가 솟아오른 알프스 산맥 석회암 지대 지질 공원의 풍광은 마치 동화 나라의 수채화 같다. 가령 웅장한 카이저(Kaiser)산의 상서로운 자태는 그 이름 그대로 '황제'처럼 느껴진다. 심지어 5월에도 정상에 하얀 눈을 이고 있으니 마치 황제가 왕관을 쓰고 있는 것처럼 보인다.

이런 척박하고 기복이 심한 티롤 지역에도 장인 같은 농부들이 곳곳에 살고 있다. 다만 산악지형이라 농지도 마땅치 않고 조건마저 불리해 1차 낙농업만으로는 농가 경영이 어렵다. 그래서 치즈, 햄, 빵 같은 식품으로 2차 가공을 하거나 민박과 직판을 겸업하는 이른바 6차 산업형 농가가 대부분이다.

오스트리아 최고 훈제 삼겹살집, 디스마스 농가

오스트리아 최고 훈제 삼겹살 햄과 베이컨(Bauchspeck)을 생산하는 디스마스(Dismas) 농가도 티롤의 가족농이다. 눈 덮인 알프스 산록이 지척에 보이는 해발 840미터 고지대 미에밍(Mieming) 마을에 자리 잡고 있다.

농장은 20헥타르에 달한다. 독일이나 오스트리아 농가의 평균 농지 면적인 50헥타르에 못 미치는 소농 수준이다. 농장주 알버 마틴(Alber Martin) 씨는 돼지 60여 마리를 키우고 있다. 티롤 지역 전통 수제 방식으로 햄, 소시지 같은 훈제 육가공품을 직접 만든다. 2000년부터 농가에 자가 도축장, 부분육 처리실을 설치해 훈제 햄을 직접 생산하기 시작했다.

생산품은 전부 농가 안 직판장(Hofladen)에서 판매하는 걸 원칙으로 한다. 오스트리아 최고 햄을 생산하는 기술을 갖고 있지만 굳이 시장에 나가 좌판을 벌이거나 영업하지 않는다. 1990년대부터 25년 넘게 찾아오는 손님만 상대하는 농가 직판 방식을 고집스레 고수하고 있다.

그것도 '날이면 날마다 찾아오는' 직판장도 아니다. 화요일과 금요일마다 오후 4시간 정도만 직접 농가를 찾는 방문객들에게만 판매한다. 쉽게 이해하기 어려웠다. 한 푼이 늘 아쉬운 나라에서 살고 있는 한국인으로서 이렇게 물어보지 않을 수 없었다.

"아니, 오스트리아 최고 육가공품을 생산하고 있는데 왜 직판만 고집하시는지요? 시장이나 마트에 나가서 팔거나 규모를 키우면 더 큰 돈을 벌 수 있을 텐데요?"

안 그래도 먹고살 수 있는데, 왜 농사가 아닌 장사를?

바로 답이 돌아왔다. 전혀 예상하지 못한 내용이다. "일단 우리는 많은 물량을 생산할 수 없어요. 오로지 스스로 농사 지어 생산한 농산물만 만들어야 하니까요. 다른 곳에서 재료를 사다가 많이 만들어 팔면 돈을 좀 벌 수 있을지 몰라도, 정부로부터 최고의 농식품이라는 인정은 못 받아요. 무엇보다 고객의 신뢰를 잃게 되죠."

지금 농정 당국에서 6차 산업에 주력한다고 하는 한국의 농업 현장에 가보면 자체 1차 농산물 생산 기반도 거의 없는 사례가 허다하다. 농사를 직접 짓지 않고 거의 외부에서 농산물 재료를 사다쓰는 것이다. 실제로는 2차 가공, 3차 유통밖에 없는 셈인데 버젓이 6차 농산업 경영체로 인증 받는 경우가 흔하다. 현장에서 바라볼 때 6차 산업화 지원 정책의 처음 취지에 어긋나는 게 아닌가 하는 의심과 아쉬움이 있다.

원래 6차 산업화는 저부가 가치 농업을 고부가 가치와 결합하기 위한 것이다. 1차 농산물 생산 기반 농가가 2차 가공, 3차 도농 교류 활동을 하며 농가 소득을 확보하는 것인데 이때 어떤 경우에도 1차 농업이 마땅히 중심 토대가 돼야 한다. 1차 농업의 자가 생산 기반이 취약한 6차 산업이란 결국 공업, 상업 또는 서비스업에 편향된 업종이라고 할 수 있다. 농업이라 부르기엔 부적합하다는 생각이 든다.

이어서 더 이상 질문할 수 없게 만든 두 번째 답이 돌아왔다. "괜히 나가서 더 팔아야 할 이유가 없어요. 지금 이 정도만 해도 가족들과 얼마든지 먹고 살 수 있는데요. 왜 나가서 힘들게 고생을 해야 하죠? 왜 농사가 아닌 장사에 더 욕심을 내야 하죠?"

예상치 못한 이유와 대답이었지만 그들의 사고방식과 생활 형편이 몹시 부러웠다. 돈을 더 벌 필요가 없다니, 욕심을 내지 않아도 된다니.

독일이나 오스트리아가 탄탄한 농업 강국이 될 수 있었던 것은 '직불금'이라는 실질 농업 지원 제도와 무상 교육인 '농업학교'라는 든든한 사회 안전망 덕분일 것이다. 독일, 오스트리아의 농부들은 굳이 다른 농부와 경쟁을 하거나 욕심을 낼 필요가 없다. 욕심을 부릴 수 없도록 법과 제도가 제대로 갖춰져 있기도 하다. 다른 생각하지 않고 정해진 규범과 질서대로 살아도 부족하지 않는 삶을 고르게 누릴 수 있다. 이것이 바로 선진사회, 민주공화국이 아닐까 싶다.

화려한 '맛의 왕관'을 쓴 슬로푸드

디스마스 농가의 주력 제품은 훈제 베이컨이다. 오스트리아 최고 인증 지역 농특산물로 '맛의 왕관(Genuss Krone)'을 수차례 수상할 만큼 품질을 인정받았다. 기업농도 아닌 작은 가족농이지만 4성급 이상 오스트리아 최고 수준 호텔에도 납품도 한다고 한다.

'맛의 왕관'을 쓴 디스마스 농가의 돼지 삼겹살, 훈제 베이컨과 훈제 소시지는 일반 식품 공장에서 만드는 것과는 품격이 다르다. 먹을거리를 대하는 자세와 철학, 가치관부터 다르다. 2~3일이면 완성되는 일반 햄 공장 제품과 달리 2주 넘게 정성을 들여 손수 만든다. 하루에 5시간 훈증하고 문을 열어 환기하는 방식을 2주 내내 날마다 반복하며 매달린다. 훈증 과정에는 오직 이곳에서 자라는 너도밤나무만 쓴다. 훈증실 온도를 25도씨로 일정하게 유지하는 것도 중요한 기술이다. 기술 이전에 정성이라 할 수 있겠다.

농장주 알버 씨는 농업전문학교를 졸업한 육가공 마이스터다. 농업학교에서 학생들도 가르치고 농장으로 현장 실습 나오는 농업학교 학생들도 직접 지도한다. 마이스터인 만큼 자체 연구하고 개발한 육가공 분야 기술과 노하우는 물론이고 교육자의 자질과 인성도 갖추었다. 그는 디스마스 농가가 가진 힘과 믿음을 바탕으로 자립 경영 기반을 다졌다.

알버 씨의 아들은 여느 독일, 오스트리아 가족농과 마찬가지로 가업을 잇고 있다. 농업전문학교를 졸업하고 농부 자격 고시에 합격해 농업마이스터 과정도 이수했다. 오스트리아 가족농에게 공부와 훈련은 끝이 없다. 티롤 농업회의소에서 육가공, 마케팅 같은 정기 보수 교육 과정도 이수했다. 농부인 아버지는 농부가 된 아들이 자랑스럽고 아들은 아버지가 존경스럽다.

농사 장인(Meister)이 전문 경영하는 유기농이 해답

디스마스 농가처럼 독일이나 오스트리아 농가는 90퍼센트 넘게 2대가 이어 농사짓는 가족농이다. 가족농이지만 점점 전문화돼가고 있다. 마이스터(Meister) 과정의 농업전문대학은 농부가 되려는 청년들이 몰리고 있다. 몸으로 농사짓는 게 아닌 머리를 써서 연구하고 개발하는 전문농업인만이 살아남는 환경이 되고 있다.

독일이나 오스트리아 사람들은 오래전부터 유기농, 친환경 농사를 철저하게 고수한다. 특히 독일은 유럽연합 기준보다 더 까다로운 자국 기준에 맞춰 농사를 짓는다. 예전에 광우병이 영국을 비롯한 유럽 전역에서 발생했을 때 독일이나 오스트리아에선 광우병 피해가 적었다고 한다. 일단 동물성 사료를 주지 않아 그렇다. 오직 윤리적 사육 원칙대로 초지와 임야에 자연 방목한 소들은 건강하다. 온갖 산야초와 유기농 자연 사료만 먹기 때문이다.

한국에도 오스트리아 디스마스 농가 수준의 축산 명인이 있다. 전라북도 정읍의 행복하누연구회 김상준 회장이다. 그는 대한민국 최고 농업기술 명인으로 선정됐다. '농촌진흥청이 생산을 기본으로 하면서 생산 기술 개발, 가공, 유통, 상품화 등 해당 분야 최고 수준의 기술을 보유하고 장인 정신이 투철한 자로서 농업·농촌에서 창의적인 노력으로 성공한 최고농업기술자'를 명인으로 선발하는 것이다.

김상준 회장은 특히 '한우 사육과 생산, 가공, 유통 등 인근 농가와 일관 체계를 통한 부가 가치 제고와 지역경제 활성화에 기여한 공로'를 인정받았다. 지난 30여 년 동안 한우를 키우면서 고급육 생산이 한우 농가의 살길이란 것을 깨닫고 무항생제 친환경 한우 생산을 위해 끊임없이 노력하고 한우 종자 개량과 차별화된 사양 관리, 소 생리에 맞는 환경 조성을 연구한 결과다.

축산 명인으로 그는 지금 독일, 오스트리아 같은 유럽의 축산 농가 수준 축산업을 경영할 수 있는 축산 농부를 키워낼 교육기관을 기획하고 있다. 티롤 디스마스 농가의 육가공 마이스터에 버금가는 육가공 장인도 양성할 계획이다.

일종의 농부전문학교인 셈이다. 가업을 잇는 후계농인 두 아들도 한국농수산대학을 졸업했다. 이렇게 농업학교부터 시작하는 것이 바른 순서다. 장인이나 명인 같은 전문 농부(마이스터)를 키우는 교육에서부터 그 해법과 희망을 찾아야 한다.

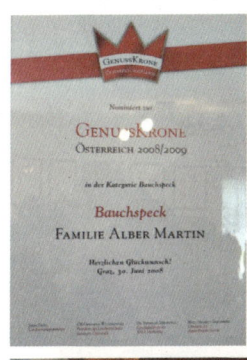

왼쪽 오스트리아 최고 훈제 베이컨에 수여된 '게누스크로네(맛의 왕관)' 상장
아래 농가직판장에서 판매하는 슬로푸드 육가공식품

위 로트홀츠 마을 어귀의 아이들
아래 오스트리아 최고의 빵에 수여되는 인증서와 메달

욕심 안 부리는 피르히너호프 제빵 농가

'식량' 같은 최고의 빵

로트홀츠(Rotholz) 마을은 생각보다 작고 외졌다. 마을 어귀에서 장난치고 떠드는 아이들이 없었다면 자칫 빈 마을처럼 느껴질 정도로 한산했다. 오스트리아 최고의 빵을 만드는 대단한 농가가 있는 마을이 맞나 싶었다. 주위를 열심히 두리번거렸으나 '오스트리아 최고 빵집'처럼 보이는 번듯한 농가는 눈에 얼른 띄지 않았다.

그날 아침부터 빵집을 찾아가는 길은 무척 설렜다. '빵돌이'라 불릴 정도로 빵을 좋아해서 빵을 밥처럼 먹을 수 있는 유럽이 좋다. 그런데 유럽 본토, 그것도 오스트리아 최고의 빵을 맛볼 수 있다니 내내 마음이 들뜬 건 당연하다.

그런데 버스는 자꾸 좁은 길로 향했다. 곧 외관이 몹시 낡은 허름한 농가 앞에서 차가 멈추자 나는 당황스러웠다. 아무리 살펴봐도 빵을 팔거나 가공할 만한 시설은 보이지 않았다.

농가 안주인, 아그네스 크라이들(Agnes Kreidl) 씨가 뛰어나와 연수단 일행을 농가 안으로 이끌기전 까지는 집을 잘못 찾은 줄 알았다. 판자로 얼기설기 엮은 오래된 목조주택에 들어서서 좁은 복도를 따라 들어가니 작은 골방이 나타났다. 고작 2~3평 남짓한 그 방이 바로 오스트리아 최고의 빵을 만드는 곳이었다.

'얼굴 있는 지역 먹거리' 로컬푸드의 원형, 피르히너호프 가족농

골방 같은 직판장에는 농장주인 발터 크라이들(Walter Kreidl) 씨가 사람 좋은 넉넉한 웃음으로 연수단을 기다리고 있었다. 그런데 직판장이 너무 작아 20여 명의 연수단원들이 미처 다 들어가기도 전에 발 디딜 틈이 없어졌다. 빵을 사러 온 손님들까지 줄지어 입장하면서 안 그래도 좁은 공간이 더 좁게 느껴졌다. 손님들은 주로 인근 마을에서 찾아오는 단골이라고 한다.

가만히 지켜보고 있자니 빵만 사고 그냥 돌아가는 손님은 거의 없었다. 독일어라 무슨 말인지 알아들을 수는 없었지만 표정으로 보니 세상 돌아가는 이야기를 나누는 것 같았다. 손님과 주인은 마치 친구처럼 친밀해 보였다. 그들은 손님과 주인이기 전에 오래 알고 지내며 서로를 신뢰하는 이웃이었다. 바로 그런 모습이야말로 '얼굴 있는 지역 먹거리' 로컬푸드가 추구하는 최고의 목적이자 가치가 아닌가.

오스트리아 최고의 빵을 사는 손님이나 파는 농부나 모두 행복해 보이기는 마찬가지였다. 빵을 사러 왔다가 직판장에 진열된 과일 증류주, 잼, 유정란, 감자를 더 사가는 경우도 흔해 보였다. 덤으로 얻어가는 경우도 있었다. 시장의 상거래가 아니라 원시공동체 부족사회의 물물교환처럼 보일 지경으로 따뜻한 기운이 느껴졌다.

피르히너호프(Pirchnerhof) 제빵 농가 역시 가족농이다. 아내 아그네스(Agnes) 씨와 남편 발터(Walter) 씨, 그리고 후계농인 아들 발터 주니어 세 식구가 함께 빵집을 꾸려간다. 외관은 낡았지만 오스트리아 '최고의 빵집(Brot Krone)'으로 선정된 제빵 명가로 유명하다. 또한 '티롤주를 대표하는 전통 음식(Tiroler Speise aus Bauerbhof)' 인증 농가로 지역의 명소이기도 하다.

다섯 번이나 '맛의 왕관'을 받은 빵의 명가

피르히너호프 농가는 제빵 명가로 알려졌지만 빵만 만들

지 않는다. 주력 생산품인 빵 말고도 훈연 소시지도 가공하고 사과, 감자, 유정란 농사도 함께 짓는다. 농가마다 200리터까지 면세 혜택을 받을 수 있어 농가 소득에 보탬이 되는 과일 증류주도 생산한다. 규모는 크지 않지만 일종의 복합 가족농인 셈이다. 그래야 먹고살 수 있기 때문이다.

무엇보다 농가를 직접 찾아오는 손님에게만 판매하는 것이 원칙이다. 주마다 두 번 농민장터에 좌판을 차리는 것 말고 따로 영업은 하지 않는다.

역시 직판만 고집하는 이유가 궁금해 물어보지 않을 수 없었다. 돌아온 답은 앞서 만나본 다른 직판 농가들과 다르지 않다. 그래도 인상 깊기는 마찬가지였다. "스스로 농사지은 밀과 우유로 빵을 만들어야 하니 많이 만들고 싶어도 그럴 수 없어요. 그래서 돈을 많이 벌지는 못하지만 이 정도만 해도 먹고살 만해요."

피르히너호프 농가는 '좋은 농사'를 짓고 '건강한 먹거리'를 생산하는 책임감과 자긍심으로 철저히 무장한 듯하다. 그런 자세와 노력에 걸맞은 인정과 보상을 받고 있다. 이곳도 오스트리아 농업프로젝트협회(Agrar Projekt Verein)에서 주는 '맛의 왕관'을 다섯 번이나 받았다. 농업회의소, 농업시장 유통회사, 유기농협회, 농가휴가협회로 구성된 권위

있는 기구로서 이곳에서 인증하는 '맛의 왕관'이야말로 농가 최고의 명예다.

'맛의 왕관' 인증서는 오스트리아 지역 특산식품 가운데 으뜸임을 공인하는 것이다. 두 해마다 빵, 생선, 치즈, 과일, 생육가공품을 대상으로 오스트리아 주마다 최고로 선정된 식품 가운데 최고 제품을 뽑는다. 전국 모든 중소 규모 가족농, 특산식품 가공 직판 생산자들은 누구나 참가할 수 있다. 하지만 아무나 인증을 받을 수는 없다. 오스트리아에서 오스트리아 원료로 만든 제품만 인정할 정도로 무척 기준이 까다롭다.

사람을 먹이고 마을을 살리는 먹을거리를

피르히너호프 가족농은 농업 마이스터인 발터 씨 부부와 20대 후반의 농업 후계자 아들이 6헥타르 규모 농사를 짓는 소농이다. 농지가 적어 1헥타르마다 150유로의 소득을 보전받는 직불금 수입도 그리 많지 않다. 그렇지만 마을 장터에 주마다 두어 번 나가는 것 말고는 직판을 고수하며 별다른 영업이나 장사를 하지 않는다. 형편이 그리 넉넉하지 않을 텐데 빵으로 멋이나 맛을 내려고 치장하거나 욕심 부리지도 않는 듯하다.

프랑스에서는 음식의 가치를 5단계로 나눈다고 한다. 1단계는 '생존'이다. 생명을 유지하는 가장 기본 단계다. 2단계는 '영양가'다. 음식의 양이 아닌 질도 생각해 음식을 섭취하는 단계다. 3단계는 '미식'이다. 이 단계부터 음식의 '맛'에 욕심내기 시작한다. 4단계는 '멋'이다. 모양이 나는 음식을 찾는 사치를 부리는 것이다. 5단계는 '예술'의 경지로 들어선다. 과연 이 세상에 예술에 이를 만한 아름다운 음식을 챙겨 먹을 수 있는 사람이 몇 명이나 되는가.

음식이 굳이 멋지거나 아름다울 필요가 있는가. 무엇보다 먹거리의 효용과 가치는 '생존의 1단계'로 충분한 것 아닌가. 여전히 이 세상에는 식량이 없어 굶어 죽는 사람이 적지 않다. 피르히너호프 제빵 농가는 모두에게 가장 중요한 '생존을 위한 먹거리'를 만들고 지키는 현장으로 믿음이 간다. 피르히너호프 농가의 빵은 맛있지 않다. 빵 모양도 투박하다. 하지만 사람을 먹이고 마을을 살린다.

농장주 발터 씨는 오스트리아에서 가장 좋은 빵을 생산하는 농장주다. "스스로 농사짓는 식재료만 사용하려면 큰 규모로 일을 확장할 수 없다"며 헛된 욕심을 부리지 않는다. 또 "욕심을 내기 시작하면 농부가 아니라 장사꾼이 되는 것인데 왜 그런 짓을 하겠느냐"고 반문한다. "그렇게 하지 않아도 얼마든지 먹고살 수 있다"는 대답이 묻는 이를 부끄럽게 만든다.

농부를 돌보는 나라에서 당당하게 농사 짓기

농부로서 당당한 자세와 태도는 저절로 혹은 개인의 노력으로 형성된 것은 아닐 것이다. 독일, 오스트리아 같은 유럽연합의 공동농업정책(CAP)의 지원을 받는다. 그래서 유럽연합 농민들은 유럽연합과 정부의 농업 지원금을 풍족하게 받는다. 유럽연합 농정 예산의 70퍼센트가 넘는 직불금으로 직접 농부들에게 지원될 정도다.

그 전에 이미 농촌에서 '먹고사는 걱정을 하지 않고' 생활할 수 있도록 사회 안전망 자체가 탄탄히 구축돼 있다. 무상교육, 무상의료를 비롯해 재해보험, 의료보험, 간병인보험, 노령보험 같은 사회보장 체계가 농민들이 농촌을 떠나지 않도록 지켜준다. 유럽연합의 농정 예산은 '돈 버는 농업'보다는 '사람 사는 농촌'을 위해 주로 쓰인다.

그리고 농민들은 '저 혼자만 잘 먹고 잘 살 수 없게' 유기농업이나 지역농업에 충실하게 종사할 수 있도록 법이나 조합의 정관으로 규정하고 있다. 농촌공동체, 농업 협업경영체(Gemeinschaft), 농업회의소 동지들은 약속을 맺고 서로를 엄중하게 단속하며 서로 이끈다.

피르히너호프 농가를 나오는데 빵 봉투에 새겨진 이름이 낯설지 않았다. '슈바츠 농업회의소(Schwatz Landwirtschafts-kammer)'였다. 피르히너호프 농가도 당연히 농업회의소 회원이다. 농민은 의무로 농정자치기구인 농업회의소에 가입해야 한다. 회원으로 가입하면 직업 교육, 농업 경영과 기술 지도, 인증, 행정 지원처럼 농가 경영에 필요한 다양한 지원을 받을 수 있다. 피르히너호프 농가가 오스트리아 최고의 빵을 생산하기까지 슈바츠 농업회의소를 비롯한 국가와 사회의 돌봄과 보살핌이 적지 않은 도움이 되었을 것이다.

피르히너호프 제빵 농가의 가공장

위 오스트리아 최고 빵에 수여된 '게누스 크로네' 상장
아래 피르히너호프 제빵 농가의 직판장

위 농부이자 목수인, 홀러 농가의 요제프 클라우스호퍼 농장주 (사진: 대산농촌재단)
아래 치유 정원처럼 잘 가꿔진 홀러 농가 마당

농사짓는 목수 홀러 6차 농가

50가지 농식품을 가공하며 100퍼센트 입소문 직판으로

"독일 농부는 '국민의 별장지기'이자 '국토의 정원사'라는 자부심과 자긍심이 대단합니다. 농부가 농사를 짓지 않으면 농촌 경관이 어떻게 망가지나 한번 보자며 시위를 하고 호기를 부리기도 하지요."

황석중 지도교수는 연수 내내 가는 곳마다 독일 농부의 위상과 가치를 예찬했다. 하지만 그런 독일의 농민조차 국민 가운데 2퍼센트 정도다. 국가 경제에서 농업 생산이 차지하는 산업 비중은 1퍼센트도 안 된다. 선진국 독일에서도 농업은 저부가 가치 산업이다. 어느 나라나 농사가 험한 일이기는 마찬가지다.

하지만 독일 농부들은 자긍심과 자부심이 높다. 국민의 식량, 곧 생명을 책임지는 성스러운 공무에 종사한다는 사

명감과 책임감이 충만하다. 국민들도 농부들을 믿고 신뢰한다. 농부가 생산하는 농산물을 의심하지 않고 산다. 농업과 농촌을 지키기 위해 마련된 농민 직불금 같은 생활 지원 대책에 기꺼이 동의하고 지지한다. 말 그대로 농민이 국민의 생명을 지켜주니 국민은 농민의 생활을 지켜주는 셈이다.

독일, 오스트리아를 비롯한 유럽연합은 이처럼 농업과 농촌의 중요성과 가치에 대한 국민들의 공감대가 두텁다. 정책을 만드는 정부와 정부가 만든 정책을 지지하는 국민들은 농부들의 기본 생활을 보장한다. 그래서 농부들은 농촌에서 농사를 지어도 먹고 살 수 있으니 농촌을 떠나지 않는다. 농촌의 문화와 경관을 지키는 '국민의 별장지기', '국토의 정원사' 노릇을 능히 수행하며 산다. 자식들에게 가업으로 농사를 물려주는 것도 당연하다. 심지어 무덤의 묘비에 '자랑스러운 농부였다'고 당당히 새기며 농부의 삶을 거룩하게 마무리한다.

오스트리아 최고 6차 산업형 가족농, 홀러 농가

'소금과 음악의 도시' 오스트리아 잘츠부르크의 파이스테나우(Faistenau) 지역에도 힘들지만 자랑스러운 농사를 짓는 순정하고 당당한 농부들이 많다. 그 가운데 홀러 농장은 지역을 넘어 전국에서 꽤 유명한 소규모 가족농이다. 요제프 클라우스호퍼(Joseph Klaushofer) 씨 부부가 함께 꾸려가는 이 농장은 오스트리아 최고의 가족농으로 공인받았기 때문이다.

홀러 농가는 겉모습만 보면 평범한 소농이다. 최고 농가로 인정받을 만한 특별한 비결도 없어 보인다. 농지도 약 7헥타르에 불과하다. 유럽의 일반 농부들에 비해 작은 규모다. 닭 50마리, 젖소 7마리, 그리고 벌을 키우는 게 전부다. 그럼에도 젖소 70~80마리를 기르는 이웃 농가보다 소득이 높다고 한다.

굳이 농가 경영을 잘하는 비결을 들자면 부부가 공동 경영주라는 점을 꼽을 수 있다. 남편은 농장 경영을, 부인은 농식품 가공을 맡아 효율 높게 경영하고 있다. 또 6차 산업형 농가라는 점도 무시할 수 없다. 낙농, 양계, 양봉 같은 1차 농사 말고도 햄, 치즈 같은 2차 가공, 3차 목공 체험과 직판이 잘 결합돼 있다. 농산물의 부가 가치를 높이는 효과가 있을 것이다.

특히 소농으로 살아남기 위해 다양한 고부가 가치 농식품 가공품을 개발했다. 하루에 200리터 정도 생산하는 우유는 모두 10킬로그램 정도 치즈로 가공한다. 1리터에 25센트 정도로 우유 값이 크게 떨어져 도저히 채산성이 맞지 않기 때문이다. 그래서 1킬로그램에 12유로 정도는 받을 수 있는 고품질 치즈로 가공한다.

100퍼센트 입소문 직판으로, 품격 있는 전문 매장처럼

무엇보다 100퍼센트 직판 전략을 고집한 게 주효했다. 가장 효과 있는 마케팅 전략은 무엇보다 '입소문'이다. 정성 들여 개발한 상품의 질이 좋아 자신감이 있었다. 상품이 좋으면 소비자들은 어떻게든 알아서 찾아온다. 굳이 시키지 않아도 알아서 홍보해준다. 한 번 찾아온 고객은 재구매로 이어진다. 단골손님이 된 소비자도 한둘이 아니다.

그 과정에서 돈보다 더 소중한 자산을 얻은 건 물론이다. 바로 생산자와 소비자 사이에 두텁게 쌓인 신뢰와 연대의식이다. 농부의 혼이 들어간 생명의 보고인 농산물이나 농식품은 단지 돈벌이 거래 대상으로 취급하고 평가하면 안 된다. 농업 장사꾼이나 기업농의 돈벌이 수단이 돼서도 안 된다. 그 부작용과 폐해는 농민은 물론 고스란히 소비자인 국민에게 돌아가기 때문이다.

특히 요제프 농장주의 부인 브리기타(Brigita) 씨는 치즈 말고도 빵, 요구르트, 햄, 소시지, 로열젤리 따위 농식품을 50가지 넘게 직접 개발한 장본인이다. 직판장을 둘러보면 일반 농가 수준이 아니다. 얼핏 보기에도 마치 전문 매장처럼 먹을거리 종류가 풍부하고 다양하고 이채롭다. 시식과 체험을 해볼 수 있는 교육장은 레스토랑처럼 정갈하고 정리정돈이 잘 돼 있다.

농장 뒷마당은 단연 농장의 중심이다. 마치 잘 가꿔진 영국 공원의 치유정원 같다. 농장과 농사에 얼마나 정성과 애정을 쏟고 있는지 한눈에 짐작할 수 있다. 농장 한쪽에는 양봉장과 목공방이 있다. 남편인 요제프 씨의 고유 영역이다. 겨울철 농한기에도 쉬지 않는다. 겨울이 오면 농부에서 목수로 변신하는 것이다. 양봉틀, 가구 같은 목공 제품을 스스로 설계하고 제작해서 부수입을 올린다.

버틸 수 있는 '여러 다리'를 찾아 교육받고 연구하고

농장주 요제프 씨는 농장을 안내하는 동안 마치 스스로 다짐하듯 되풀이해 강조했다. "농촌에서 살아남기 위해서는 여러 가지 버틸 수 있는 다리를 찾아야 합니다."

부인 브리기타 씨도 '부부가 함께 버틸 수 있는 다리'를 늘 찾고 있다. 홀러 농장의 가공품 개발을 전담하는 연구원이자 공장장 역할을 맡고 있는 것이다. 어쩌면 6차 산업형 농가인 홀러 농가 입장에서는 남편보다 더 막중한 책임을 맡고 있다고 할 수 있다.

놀라운 점은 가족농이라고 기분 내키는 대로 주먹구구식으로 상품을 개발하지 않는다. 독일이나 오스트리아에서는 새로운 식품을 개발하고 가공하려면 먼저 농업회의소에서 정식으로 교육을 받고 인증을 받아야 한다. 그것도 연간 500만 원 넘는 교육비, 400시간 넘는 시간을 투자해가면서 말이다. 교육을 이수했다고 끝이 아니다. 가공시설은 식품검사국에서 진행하는 교육을 이수하고 위생 검사를 반드시 통과해야 한다.

재미있는 것은 교육을 마치면 수료했다는 징표로 동화 속 요술 할머니가 타고 다닐 법한 '마법의 빗자루'를 인증서처럼 수여한다. '마법 같은 솜씨를 발휘해 훌륭한 식품을 만들 수 있는 사람으로 인정한다'는 뜻이라 한다. 홀러 농가에도 사람들이 자주 드나드는 정문에 '마법의 빗자루'가 자랑스럽게 걸려 있다.

여성은 농사의 절반을 책임지는 평등한 공동 경영주

빗자루 옆에는 역시 '맛의 왕관(Genuss Krone)' 상장과 금메달이 주렁주렁 빛나고 있다. 마이스터인 요제프 씨와 50가지 넘는 식품을 개발한 브리기타 씨가 공동 경영하는 앞선 농가답게 오스트리아 치즈 가공 경연대회에서 최고로 선정됐다.

홀러 농가의 공동 경영 구조에서도 알 수 있듯이 유럽의 농가는 특히 여성 농민의 참여를 강조한다. 여성 농민을 지원하는 여러 사업을 진행하며 농업에서 여성 지위를 높이는 데 힘쓴다. 농식품 가공 같은 기본 직업 교육은 물론이고 농업 경영, 식품 소비자 교육 사업, 마을 개선 사업에 여성 농민들이 스스로 주도해서 참여한다.

이는 그동안 농민연합이 주장하고 제안한 사항이 반영된 것으로 특히 독일 주 정부는 '여성 농민의 날'을 지정하고 있을 정도다. 특히 독일, 오스트리아의 여성 농민은 '농촌 주부 자격증'도 있다. 두 해 동안 주마다 이른바 농촌 가정주부 교육과정으로 농업교육과 가정교육을 받아야 한다.

농업교육은 소 기르기, 텃밭 재배, 영양학, 위생학, 원예 기술 따위가 있다. 가정교육은 법률, 상속 관련 지식, 컴퓨터, 조리, 손님맞이 같은 농촌 생활에 필요한 '생활 기술'을 가르친다. 농사의 절반은 여성이 책임진다는 사실을 독일 사회적 농부들은 너무 잘 알고 있다. 한국은 2016년 초에야 비로소 여성 농민의 오랜 숙원이었던 공동 경영주 제도가 시작됐다. 우리 농정도 독일식 농정에서 시사점을 얻어야 한다.

치유 정원처럼 가꾼 훌러 농가 마당 정원

위 농식품 가공 교육 이수증으로 받는 '마법의 빗자루'(사진 : 대산농촌재단)
아래 50가지 넘게 직접 개발한 농식품을 직판하는 매장

3

서로 연대하고 협동하는 사회적 농부

위 4,000종의 유기농 로컬푸드를 직판하는 호헨로에 지역농민시장
아래 1,500명 농민이 모여 일군 슈베비쉬 할 농민생산자조합

1,500명 농부의 사회적 자본
슈베비쉬 할 농민생산자조합

30년 동안 신뢰받는 농민조합장 대표

"설립한 뒤로 30년 동안 창업자가 아직도 대표를 맡고 있다고요? 그건 협동조합의 이념과 가치에 어긋나지 않나요?"

조합 역사를 열심히 설명하던 홍보 책임자 만(Mann) 씨에게 물었다. 다소 무례할 수 있는 질문이었을 텐데 그는 당황하지 않았다. 마치 그런 질문을 한두 번 받아본 게 아니라는 듯, 예상했다는 듯 동요하지 않는 표정과 말투로 사정을 설명했다. "우리 조합에 뷜러 회장만한 신념과 지도력을 가진 리더가 없기 때문이에요. 물론 조합원들도 그를 신뢰하고 존경하고요. 설립 30년 만에 1,500명의 농민조합원, 연매출액 1,500억 원을 올리는 조합으로 성장한 데는 그의 역할이 컸어요."

만 씨는 온화한 표정으로 부드럽게 설명했으나 그 목소리는 당당하고 단호하게 들렸다. "물론 그가 아직 대표직에 있기는 하지만 은퇴한 상태나 마찬가지예요. 사실상 명예직에 가까워요. 물론 보수도 지급하지 않아요. 조합원들이 쉬고 싶은 그를 붙잡고 놓아주지 않는다고 해도 틀린 말은 아니죠. 이제 출근도 하지 않아요. 요즘은 본인 농장에서 돼지를 키우는 게 그가 주로 하는 일이죠."

예전에 메르켈 총리가 독일 국민의 지지를 받는 이유를 두고 독일 교포가 한 대답이 떠올랐다. "그녀는 권위를 내세우지 않고 합리적이다."

30년 동안 조합을 이끈 루돌프 뷔러

조합 창업자인 루돌프 뷔러(Rudolf Bühler) 회장은 60대 후반이다. 어쩌면 온 삶을 담은 조합 일에서 완전히 손을 떼고 은퇴하기에는 아직 젊다는 생각이 든다. 명예직이든 고문이든 형식 요건이나 겉치레는 별로 중요해 보이지 않는다. 사실상 슈베비쉬 할(Schwäbisch Hall) 농민생산자조합을 30년 넘게 이끌고 있다. 대신할 수 없는 조합의 최고 지도자로 여겨진다.

뷔러 회장은 젊은 날부터 이웃과 사회에 헌신했다. 아프리카를 비롯한 제3세계 해외봉사에 삶을 바쳤다. 34살 되던

해 고향으로 돌아오면서 나라밖 봉사 경험을 고향에서 베풀고 펼쳐보고 싶었다. 1986년 돼지를 키우던 농부 여덟 명을 모아 조합을 세웠다. 30년 동안 세계에서 앞다퉈 견학을 올 만큼 성공 신화를 일궜다.

뷔러 회장의 농업 철학, 경영 방침은 유전자 변형 농산물, 항생제, 집단 사육을 반대하고 윤리적 축산을 철저하게 이어가는 것이다. 이 원칙들은 슈베비쉬 할 생산자조합의 성장 동력이자 지도력의 원천으로 평가 받는다. 뷔러 회장으로부터 주식회사 같은 영리 조직이든, 협동조합 같은 비영리 조직이든 지도자가 중요하다는 진리를 새삼 환기한다. 물론 지도자가 잘못하면 공동체 조직을 얼마든지 망칠 수도 있다.

중요한 것은 한 지도자가 조합원들이 서로 신뢰하고 협동하고 연대해 사회에 공헌하도록 영향을 미치고 있다는 것이다. 조합을 유지하는 것은 법 조항이 아니라 서로 신뢰하는 공동체 문화일지도 모른다. 뷔러 회장의 사례를 들으면서 그동안 책으로 익힌 오래된 편견이 하나 깨져나가는 것을 강하게 느꼈다.

공동체는 규격화할 수 없다는 생각이 들었다. 경제든 정치든 공동체 조직이 건강하고 안정되게 지속할 수 있는 조건은 다양하다. 하나의 방식만 있는 것은 아니다. 공동체 구성원 모두에게 이익이 되는 상황을 만들어 갈 수 있다. 그게 바로 공동체 유지와 발전을 위해 반드시 갖추어야 할 자산인 '사회적 자본'의 진실이 아니겠는가.

농부 여덟 명이 시작한 '슈베비쉬 할리쉬 돼지'의 성공 신화

독일 남부 바덴-뷔템베르크주 슈베비쉬 할 농민생산자조합 성공 사례는 가히 신화 같다. 슈베비쉬 할 지역은 인구 3만 6,000명뿐인 작은 도시이다. 농민생산자조합 본부가 자리 잡은 볼퍼츠하우젠(Bolpertshausen) 마을에서 농업 명소가 됐다. 부설 호헨로에 지역 농민시장(Hohenlohe Regional Markt)도 유기농 직판장으로 많이 알려졌다.

애초 조합 설립 목적 자체부터 농업의 규모를 키우거나 기업으로 만들려고 했던 것이 아니었다. 조합은 지속 가능한 농업을 위해 세워졌다. 1980년대 초반, 멸종 위기의 재래종 돼지였던 '슈베비쉬 할리쉬' 지역 특산 돼지로 되살리자는 데 농부 몇몇이 뜻을 모았다. 비계가 두꺼운 특성을 가진 돼지를 상인들이 사가지 않자 고민하던 농민들이 자구책으로 직접 직판을 시작한 것이다.

이어 1986년 '돼지육종협회'를 본격 설립했다. 당시에는 불과 여덟 명의 조합원이 모였을 뿐이었다. 1988년 마침내 농민조합으로 발전했다. 그 뒤로 조합은 규모 있게 성장하기 시작했다. 2000년에 조합 도축장을 자체 설립하고 2007년에는 호헨로에 지역 농민시장을 개장했다.

특히 2011년 소시지 공장을 설립한 건 조합의 성장사에 중요한 전기를 제공한다. 이때 설립 자금 600만 유로 가운데 100만 유로를 정부에서 지원받은 게 성장의 탄력을 얻는 데 큰 힘이 됐다. 이를 계기로 지역뿐 아니라 독일 전역을 대상으로 농식품을 판매하게 되면서 안정 경영의 발판을 마련할 수 있었기 때문이다.

이처럼 30년 넘도록 줄기차게 양과 질을 개선한 조합은 2014년 말 기준으로 생산자 조합원 1,450명 규모로 성장했다. 한해 매출은 1억 200만 유로에 달한다. 조합원 가운데 35퍼센트는 유기농가다. 기업농은 가입할 수 없고 오직 가족농 생산자만 가입할 수 있다. 가입하려는 생산자들이 줄을 잇지만 조합 가입 요건만 에이포 용지 10장 남짓일 정도로 문턱이 높다. 아무나 조합원이 될 수 없다는 말이다.

되살아난 슈베비쉬 할리쉬 돼지가 지역사회를 살린다

'협동조합'답게 지역 사회를 기반으로 운영하며 지역에

기여하려는 사업 철학과 전략도 확고하다. 유럽연합의 원산지 증명을 받은 지역 특산 돼지 품종 '슈베비쉬 할리쉬'를 되살리면서 지역 전체 경기도 살아났다. 조합은 호헨로에와 슈베비쉬 할 두 지역 관공서는 물론 농민조합과 지역관광업체가 상호 협력, 지역 관광 산업을 촉진하는 역할까지 하고 있다. 지역 고용 창출 효과는 물론이다.

무엇보다 생산자조합 애초 역할을 철저히 마음에 담고 실천하고 있다. 조합원인 농민들은 협력과 공생을 무엇보다 우선 앞세워 사고하고 행동한다. 농촌과 지역의 고유 문화, 전통, 미풍양속도 유지하려고 노력한다. 유기 순환 농업을 통해 생태적 다양성을 보전하는 것은 물론이다. 사회적 공동체로서 청년들의 미래가 열리는 희망찬 농촌 공간을 만들어가는 데도 앞장선다.

또 슈베비쉬 할 농민생산자조합은 조합과 별도로 주식회사를 운영하고 있다. 주식회사를 통해 생산자조합 고기를 수매해 세금 문제를 원활히 해결한다. 자체 도축장, 소시지 가공장, 농민시장 같은 1차 생산에서 2차 가공, 3차 직거래 유통에 이르는 이른바 6차 산업화 과정을 스스로 아우르는 것도 효과 있는 사업 방식이다. 이 같은 사업 전략은 명분이나 원칙에만 매달리지 않으며 유연하고 여러모로 알맞다.

특히 2007년 개장한 호헨로에 로컬푸드 지역 농민시장의 성과는 두드러진다. 전체 면적이 950제곱미터인 이 농민시장에서는 로컬푸드 4,000여 종류를 직거래 판매하고 있다. 인근 생태마을 볼퍼츠하우젠(Bolpertshausen)의 축산 농가들이 생산하는 바이오가스 열병합 발전기 열과 지열을 활용해 건물 난방을 해결하고 있다. 로컬푸드 레스토랑, 허브 가든, 빵 가게, 지역 여행사, 어린이 놀이터, 태양광발전소 같은 복합시설도 함께 운영한다.

로컬푸드를 넘어 누구나 인정하는 최고 먹을거리

지역에서 성공을 발판으로 조합의 영업권과 영향력은 독일 전역으로 확산되고 있다. 현재 남부 독일에만 여덟 개 지역 직판장(Bauernmarkt S.H.)을 운영하고 350여 개 유기농 전문 매장에 제품을 공급한다. 독일의 고급 호텔, 유명 레스토랑, 유명 기업, 루프트한자 기내식, 벤츠 구내식당 같은 곳에서도 최우량 식자재로 대우받고 있다.

2013년엔 영국 찰스 황태자도 견학을 왔다. 그만큼 슈베비쉬 할 생산자조합의 성과와 경쟁력은 독일 안팎에서 인정을 받고 있다. 입을 모아 말하는 성공 비결은 품질이 우수하다는 점이다. 조합에 고용된 전문 기술 지도사들이 수시로 생산자를 자문하고 품질을 상향 평준화한 결과다. 유럽연합 최고 등급 유기농 인증서 '외코테스트(Öko-Test)'를 비롯해 논 지엠오 인증(NON GMO), 국제 표준(ISO), 독일농민협회 골드 라벨 인증(DLG) 같은 다양한 인증서를 갖고 있다.

향신료처럼 지역에서 생산할 수 없는 양념류는 루마니아, 세르비아, 인도, 잠비아에서 현장 기술 지도를 받아 유기농으로 생산한 것만 공수해 사용한다. 인산염 같은 유해 식품 첨가물은 아예 사용하지 않는다.

조합에 대한 조합원들의 신뢰와 지지는 아낌이 없다. 값이 떨어진 우유 같은 원재료 농산물을 두 배 넘게 값을 쳐주는 식으로 구입해준다. 단순한 출자금 연동 배당이 아닌 넉넉한 납품 결제 대금으로 회원 농가에 수익을 올려주는 전략이다. 그 결과 해마다 1,500억 원 정도 매출 가운데 고작 7만 유로 정도만 조합 몫으로 남길 뿐이다. 슈베비쉬 할 농민생산자조합은 지역 가족농의 든든한 비빌 언덕이자 안전한 둥지로 사회 안전망 역할을 하고 있는 셈이다.

초리넝쿨마을을 되살릴 무주 초리넝쿨마을협동조합

우리 농촌도 먹고사는 문제가 가장 큰 숙제다. 이미 '마을 소멸'이라는 위기의 조짐도 자주 언급되고 있다. 마을을 되살

무주 초리닝쿨마을과 마을카페 초리

리고 지속가능한 조건을 만드는 일이 무엇보다 우선 다뤄야 하는 눈앞의 일이다. 지역마다 고유한 특징을 살려 자립 조건을 만들 수 있도록 다양한 지원과 정책이 마련돼야 한다.

무주의 초리닝쿨마을도 같은 문제의식과 고민이 있다. 다행히도 초리닝쿨마을은 녹색농촌체험마을, 전북 향토산업마을로 조성된 체험관, 펜션, 공동식당 같은 시설과 공간을 보유하고 있다. 여느 농촌처럼 방치되기 전에 되살려보려고 다양하게 움직이고 있다.

다만 초리닝쿨마을 주민은 물론, 이웃 마을 주민들과도 널리 어울리는 일종의 '생활문화복지 커뮤니티센터'로 자리 잡도록 힘을 모으고 있다. 그래서 마을 공동시설도 관리하고 마을공동체 사업도 경영할 책임 주체로 '무주초리넝쿨마을협동조합'부터 만들었다. '마을카페 초리(初里)'라는 간판도 걸어뒀다. 나름대로 새로운 마을공동체사업의 차원과 지평을 열어보려는 시도다.

일단 '마을카페 초리'는 '마을학교 초리'가 중심이다. 그림 그리기, 글쓰기, 책 짓기, 노래 부르기, 농사짓기를 서로 가르치고 배울 계획이다. 탐구하고 토론하는 마을학개론과 나라와 지역과 사회가 돌아가는 이치를 따져보는 '사회학 교실'도 궁리하고 있다. 마을을 상징하는 넝쿨 식물인 칡으로 만든 떡, 칼국수, 효소와 으름꽃차, 으름효소 같은 특산품도 개발하고 있다.

또 마을과 지역의 유기농 로컬푸드 농산물과 먹거리를 직거래로 나누는 '마을가게 초리'나 '이야기가 있는 그림 문패', 통나무가구를 만드는 '마을공방 초리'도 빼놓을 수 없다. 이어서 마을 도서관, 사랑방, 나아가 지역커뮤니티 역할과 기능이 칡넝쿨처럼 엮이는 혁신으로 가는 '갈등'이 일어나도록 노력하고 있다. 마침 '갈등(葛藤)'이란 단어가 칡넝쿨과 등나무가 얽힌다는 뜻도 담겨있지 않던가. 분쟁이 아니라 새로운 공간과 관계를 만드는 쪽으로 움직이는 마을이었으면 한다.

마을과 지역, 도시와 농촌이 함께 먹고사는 협동조합을

이 마을공동체 사업의 끝에는 부디 '마을 양로원(공동생활주택)'이 놓였으면 하는 욕심이 있다. 이미 노인 공화국으로 변한 모든 농촌 마을의 공통된 숙원사업이라 할 수 있다. 마을 안에서 평생 생활한 마을 사람들이 늙고 병들어 마을 밖 요양원으로 내몰리지 않으면 좋겠다. 가장 편하고 안전한 마을 안에서 여생을 보낼 수 있으면 좋겠다.

마을사업이 발전하는 과정에서 자연스레 마을 대표, 사무장, 부녀회장, 노인회장이 정당한 월급을 받는 마을공동체사업 일꾼으로 거듭났으면 한다. 농사로는 턱없이 모자란 소득을 채우기 위해 외지로 품을 팔러 돌아다니는 불안한 생활은 이제 그만뒀으면 한다.

마침내 마을 기본소득이나 마을공동체사업 주민 배당을 농가마다 달마다 몇 십만 원씩이라도 나눌 수 있었으면 좋겠다. 정부나 정치가 못하면 초리넝쿨마을 주민 힘으로 그 정도는 할 수 있기를 소망한다. 그래야 비로소 일과 삶과 놀이가 하나 되는 '초리넝쿨마을 생활공동체'가 완성될 것이다.

니어링 부부처럼 하루 4시간 일하고, 4시간 배우고, 4시간 노는 조화로운 삶은 '가진 자'들만의 특권이 아니다. 초리넝쿨마을 주민들도, 한국의 농민들도 얼마든지 꿈꾸고 누릴 수 있어야 한다. 독일의 슈베비쉬 할 농민생산자조합처럼 농민들의 생산자 협동조합과 생활문화 협동조합, 그리고 도시의 소비자와 농촌의 생산자가 서로 상생하고 연대하는 공동체 협동조합이 그 열쇠가 될 수 있다고 확신한다.

조합이 운영하는 유기농 로컬푸드 농가 레스토랑

위 1,500명 농민이 모여 일군 슈베비쉬 할 농민생산자조합
아래 조합을 방문했을 때 찰스 황태자와 루돌프 뷔러 회장. 유럽 최고 등급 유기농 인증을 비롯해 국제 표준을 갖춰 독일 안팎에서 인정을 받는다.

위 오스트리아 티롤 지역 빌더케제 산
아래 치즈 마이스터의 부인이 운영하는 직판장

500년 유네스코 문화유산
빌더케제 공동가공 직판장

함께 가공하니 부가 가치가 4배로

"보조금을 받아서 개조한 건물이라고요? 유럽에서는 축사 말고는 시설 보수 지원 제도가 따로 없다고 들었는데요."

설명을 듣고 보니 오해가 풀린다. 정부 보조금을 받은 게 아니라 특별히 유네스코의 지원을 받은 것이다. 농업의 부가 가치를 높여 소득을 보전하라는 지원 목적도 있지만 500년 된 농가 주택을 문화유산으로 잘 보전하라는 의미가 더 크게 와 닿는다.

알프스 산맥으로 둘러싸인 오스트리아 티롤 지역에서도 유난히 험해 '거친 황제'라는 이름이 붙은 빌더케제(Wilder Käser)산. 그 산 아래 빌더케제 유기농 치즈 공방과 직판장(Tiroler Schaukäserei)이 고풍스럽게 자리하고 있었다.

농촌 지역에서는 보기 드물게 중세와 현대가 어우러진 세련된 건물이다. 아니나 다를까, 유럽연합과 유네스코가 농민의 기초 생활을 지원하기 위해 건축비를 지원한 이채로운 건축물이다. 오스트리아 티롤 키르히도르프(Kirchdorf) 초원 한가운데 위치한 티롤 지역 전통 가옥은 투자할 만한 가치가 있다. 무려 500년 역사가 담긴 살아 숨쉬는 농촌문화유산이기 때문이다.

그렇다고 유네스코가 박물관이나 전시관 같은 관광객들 구경거리나 짓자고 돈을 투자한 건 아니다. 오히려 문화보다는 경제 목적이 더 크다. 이곳은 치즈 공방이자 직판장으로 꾸며져 낙농가들의 유력한 소득원 구실을 한다.

무엇보다 주목할 만한 점은 티롤 지역 500여 곳 낙농가들이 협력해 공동으로 운영한다는 것이다. 가공과 판매를 위한 일종의 협동조합 방식으로 운영한다. 저부가 가치 1차 농산물인 우유만으로는 농가 채산성이 맞지 않아 가공을 하지 않을 수 없기 때문이다. 같은 고민을 가진 낙농가들이 힘을 모아 특산품인 치즈를 활용해 가공, 직판, 관광을 함께 운영하는 복합체험관이다.

온갖 알프스 산야초로 키운 소의 우유는 값이 2배

빌더케제 치즈 공방에서 가공하는 우유는 모두 지역 농가로부터 공급받는다. 500여 지역 농가가 3만 헥타르 광활한 고산 초지에서 1만 3,000여 마리 젖소를 키운다. 소 한 마리당 2헥타르가 넘는 드넓은 자연 운동장에서 자유롭게 방목해 키운다.

 겨울이 긴 알프스 자락에서 풀이 자라는 시기는 고작 넉 달 뿐이다. 5월부터 9월까지 농장 초지 풀을 베어 겨울 양식인 건초를 준비한다. 그렇게 해도 농장 초지로는 사료 대신 먹일 풀이 늘 모자란다. 그래서 젖을 짜지 않는 어린 소들은 120여 일 동안 고산지대 야생으로 올려 보낸다. 일종의 자연 순환 축산 농법으로 방사하는 것이다.

 5월쯤 산으로 올라가 여름을 지내고 9월 말쯤 마을로 하산한다. 이때 오스트리아 전통 의상을 갖춰 입은 목동들이 소 떼를 몰고 내려오면서 한바탕 마을 잔치가 열린다. 험한 산에서 잘 자라준 소들과 소들을 먹여 키운 자연에 감사한다는 뜻이다.

 이렇게 알프스의 온갖 산야초를 먹고 자란 소는 최고 품질의 우유를 생산한다. 빌더케제 치즈 가공장은 사료 먹인 소가 생산하는 우유 값의 2배에 가까운 값인 1리터당 55센트에 우유를 구매한다. 하루 평균 우유 1,200리터로 까망베르 치즈 700여 개를 만든다.

우유를 팔아 얻는 수익은 고작 80만 원에 불과하지만, 치즈로 가공해 팔면 350만 원가량의 수익을 올릴 수 있다. 1차 농산물을 가공한 2차 농식품이 농가 소득을 보전하고 높이는 해법이 될 수 있다는 것을 증명하는 생생한 현장이다.

최고 명품 치즈 농가에게 특혜는 없다

빌더케제 치즈 가공장은 모두 20여 가지 치즈를 만든다. 대표 상품 '알펜-벨치케제'는 2013년 오스트리아 치즈 경진대회에서 최고상을 받은 명품 치즈로 전국에서 찾을 정도다. 치즈 가공장은 부부가 맡아 운영한다. 치즈 가공 마이스터인 남편이 가공장을 맡고 부인은 직판장에서 내방객들에게 직거래로 치즈를 판매한다.

하지만 오스트리아 최고의 명품 치즈를 만드는 농가들이 모였어도 농사만으로는 넉넉하게 먹고살기 어려운 듯하다. 1차 농업 생산만으로 생활이 어려운 농민들은 2차 농식품 가공, 3차 농가 민박을 겸업해 부족한 수입을 보충한다. 특히 전통 농촌 문화가 살아 있고 천혜의 청정 자연 환경이 보전돼 있는 티롤 지역은 휴양객들을 위한 민박 사업이 주 수입원이다.

그런데 농가 민박으로는 큰돈을 벌 수 없다. 규정에 따라 농박을 통한 연간 소득이 3,000유로를 넘어선 안 된다. 이 기준을 넘으면 농민이 아니라 숙박업자나 요식업자로 분류된다. 농민으로서 세제 혜택을 받는 건 고사하고 오히려 사업자로 분류돼 세금을 더 내야 한다.

농민을 무조건 우대해주지는 않는 게 오스트리아 농정의 기조이자 원칙이다. '돈 버는 농업'을 부추기며 터무니없는 환상을 심어주지도 않는다. 그렇다고 소수 경쟁력 있는 스타 농민만을 키우려는 것도 아니다. 그저 농민이 농업을 포기하지 않고 농촌에서 능히 생활할 수 있도록 지원하는 정도다. 농민들도 다른 직업으로 먹고사는 일반 국민과 동등한 수준으로 살도록 지원할 뿐이다.

국민들과 동등한 생활을 위해 '농민 직불금'을

오스트리아 정부는 일반 국민들과 동등하게 생활할 수 있도록 직불금으로 농가 소득을 보전해준다. 농촌에서 떠나지 않도록 부족한 생활비를 국가와 정부가 채워주는 셈이다. 기본적으로 농지 1헥타르마다 160유로가 지급된다. 고산지는 일반적으로 500유로가 지급되는데 산세가 험해 조건이 불리한 티롤 지역은 800유로를 지급한다. 자연과 기후를 보호하기 위해 소를 자연 방목으로 키우면 소 한 마리당 직불금을 따로 더 지급한다.

이러한 직불금으로 상징되는 오스트리아와 독일의 농업 정책에 결정적 영향을 미친 것은 1999년 합의된 유럽연합 농업개혁(Agenda 2000)이다. 이때 부분 보상을 위한 직접 지불, 환경 정책의 유럽연합 공동 농업정책 통합, 농업의 다원적 기능을 고려한 농촌 개발을 농정의 기본 원칙으로 정했다.

연수단 가이드인 독일 교포 박동수 씨 설명에 따르면 2010년 기준 유럽연합의 총예산 1,229억 유로 가운데 농가 지원 예산은 571억 유로에 달해, 전체 예산에서 가장 비중이 큰 46.5퍼센트를 차지했다고 한다. 농가 지원 예산 가운데 76퍼센트에 달하는 437억 유로를 직불금 예산으로 편성했다. 곧 직불금이 유럽연합의 농업정책을 가동하는 핵심 역할을 하는 것이다.

지원 내용을 자세히 들여다보면, 독일의 약 19만 소농가들은 한 해 평균 1만 6,900유로를 직불금으로 지원받는다. 총 3억 유로에 달하는 예산이다. 하지만 전체 농가의 1.5퍼센트 정도인 5,690 대농가는 한 농가가 한 해 평균 28만 3,105유로를 지원받는다. 총 16억 유로 정도다. 농지 1헥타르당 340유로를 지급받는 셈이다.

농민들이 사업 기회를 공유하는 지역공동시설을

한국에도 빌더케제 공동 가공장 같은 시설이 있다. 완주군 로컬푸드 가공센터다. 자체 시설을 운영하기 어려운 지역 소농들이 농식품 가공을 위해 공동으로 사용하는 공유시설이다. 전라북도 완주군에서 사업비 12억 원을 지원했다.

전라북도 완주군 구이면에 자리 잡은 로컬푸드 가공센터 2호는 495제곱미터 규모로 다양한 지역 농산물을 제철 가공할 수 있도록 교육 실습실, 반찬 가공실, 습식 가공실, 건식 가공실, 냉장 보관실 따위 시설을 갖추고 있다. 특히 품목, 형태별로 생산 장비를 구비해 인근 지역 농민들이 생산한 지역 농산물을 다양한 로컬푸드 가공식품으로 개발하고 있다.

아울러 거점 가공센터에서는 농식품 가공 창업 아카데미 교육도 진행한다. 약 넉 달 과정으로 반찬 가공반, 습식 가공반, 건식 가공반, 소이푸드 가공반이 운영된다. 무엇보다 이 거점 가공센터는 농민들이 저마다 농식품 가공 사업 허가를 받거나 시설 설치를 위해 사업비를 마련할 필요가 없다는 점에서 기대를 받는다.

충청남도는 농산물 공동 가공센터 구축과 운영, 창업 보육 지원 사업, 연계 시설인 체험장과 판매장 운영을 지원하고 있다. 이 덕분에 농식품 가공 기술이나 아이디어가 있지만 가공 시설을 스스로 갖추지 못해 곤란을 겪는 농민들이 제품을 생산할 수 있게 됐다. 지원 대상자는 생산자 단체가 포함된 사업단으로 법인 또는 협동조합과 5개 이상의 작목반, 그리고 농업인 150명이 참여해야 한다.

농식품부도 농민들이 농식품 가공에 활용할 수 있도록 '시설 디렉토리 구축 사업'을 진행하고 있다. 어차피 6차 산업화를 제대로 수행하려면 제조, 가공 시설이 반드시 필요한데 사업자마다 새로운 시설을 설치하기보다는 기존에 설치된 시설을 활용하는 게 효율이 높다고 본 것이다. 지역별로 기존의 종합 또는 거점 가공 지원·센터는 물론 지역에 산재돼 유휴화된 각종 제조 가공 시설을 6차 산업화 사업 주체들이 활용하도록 지원은 점차 확대될 것이다.

위. 아래 빌더케제 치즈 가공장. 자연과 경관, 기후를 보호하는 자연방목으로 소를 키우고 치즈를 생산한다. 자연방목 소 한 마리당 직불금을 지급한다.

위 오스트리아 잘츠부르크 레오강 농촌 마을은 자연과 문화 경관 자원을 함께 보전한다.
아래 농민이 직접 생산한 농산물과 가공식품, 수공예품을 판매하는 직판장

상공인과 농민의 연대
잘펠덴 공동직판장

'농민 기본소득' 같은 직불금으로 도시민과 동등한 생활을

상공인이 앞장서서 열어준 잘펠덴 농민 직판장

오스트리아 잘츠부르크 인근 레오강(Leogang) 마을은 스키 관광 명소로 유명하다. 또 상공인, 노동자와 농민, 소비자와 생산자가 서로 상생하는 지역공동체 모델로도 유명하다. 잘펠덴 농민직판장(Saalfelden Saalachtaler Bauernladen)이 바로 그 현장이다. 지속 가능한 농업을 위해 1993년 문을 연 이 직판장은 상공인과 지자체의 지원을 받았기 때문에 더 뜻 깊은 사례로 알려졌다.

오직 농민들만을 위한 직판장이 아니다. 오스트리아 상공인협회, 군청, 면사무소 지자체가 함께 문을 연 도심 속 농민 직판장이다. 도시 상공인들은 매장 같은 시설을 지원하고 농민들은 직영을 책임지는 도농상생, 노농상생 공동 사

업이라 볼 수 있다.

직판장을 찾는 주 고객은 3,000명 남짓한 레오강 마을 주민과 관광객들이다. 이른바 '지산지소(地産地消)'의 도농상생 체계가 작동하는 현장이다. 더욱 인상 깊은 건 사업을 농민이 주도한다는 점이다. 상공인과 행정은 거들 뿐이다.

농산물 판매 가격부터 모두 생산 농가가 결정한다. 농산물의 가치를 가장 잘 알고 있는 탓이다. 농민은 수익의 18퍼센트를 매장 임차 수수료로 낸다. 농민의 연회비는 40유로 정도다. 참여한 30여 개 농가들은 농가 소득 평균 가운데 40퍼센트 가량을 직판장에서 벌어들인다.

화요일에서 금요일은 오전 8시 30분에서 12시까지, 토요일은 오후 2시부터 6시까지 반나절 정도만 영업한다. 이렇게 벌어들이는 한 달 매출은 1만 5,000유로 정도, 연간 2억 원가량 된다. 농민들이 직접 생산하고 가공하는 농산물, 가공식품을 주로 판다. 알프스 산악 지역에 위치해 농한기인 겨울이 7개월 동안 이어지는 독특한 상황 때문에 다양한 전통 수공예품을 부업 삼아 만들어 팔기도 한다.

소농들의 기본생활 보장은 문화경관 직불금으로

직판장 관리와 경영을 책임지는 프란츠보이트 호버

(Franz Voit Hober) 회장도 농민이다. 12헥타르 면적의 농사를 짓는 소농이다. 회장이지만 월급도 없고 특별한 대우나 보상을 받는 것도 아니다. 30여 개 지역 농가 스스로 모여 법인격도 없고, 사업자 등록도 내지 않고 일종의 동호회처럼 '일하는 듯 노는 듯' 소박하게 운영하기 때문이다. 굳이 모든 농업이 규모를 키우거나 기업으로 발전시켜 상업에 중점을 둘 필요가 없다는 뜻으로 보인다.

"레오강 마을은 농업보다는 문화경관 자원에 바탕을 둔 겨울철 레포츠와 그린 투어(농촌휴양)로 유명하죠. 농촌관광 활성화를 고민하다가 1995년 레오강 농업회의소, 관광협회를 중심으로 잘펠덴 유기농 로컬푸드 직판장을 열었어요. 이 지역은 관광업이 마을을 먹여 살리지만 결국 농민들이 없으면 관광 자체가 불가능하다고 생각합니다. 농민이 농촌 전통 문화와 지역 경관을 보전하기 때문에 바로 그것을 보려고 관광객들이 찾아오는 것이니까요."

관광업이 가능하도록 문화와 경관을 보전해주는 농민들의 수고가 고마워 농민 직판장을 열었다는 것이다. 그 일에 호텔, 식당 같은 관광업 관련 상공인들이 먼저 앞장섰다. 생산자인 농민과 소비자인 상공인도 회원으로 가입한 일종의 다중 이해 관계자 협동조합처럼 운영된다.

이 지역 농민들은 이렇게 직판도 하고 민박도 해서 부수입을 거두지만 그렇다고 가계 사정이 넉넉하진 않을 것이다. 농촌 문화와 경관을 보호하고 보전하는 농민들에게 지급되는 직불금이 아니라면 농촌에서 생활하는 게 여전히 만만치 않은 탓이다. 그래서 정부의 농업 보조금 프로그램의 목적도 자연을 보호하고 농촌의 문화경관을 유지하는 데 두고 있다.

직불금 분담은 주 정부 20퍼센트, 연방 정부 30퍼센트, 유럽연합 50퍼센트

잘펠덴 직판장이 자리 잡은 레오강 마을처럼 독일, 오스트리아 같은 유럽연합의 공동 농업정책은 식량 생산 못지않게 농촌 문화경관 보전을 강조하고 있다. 그래서 농촌의 문화와 경관을 보전하는 농민을 보호하기 위해 '문화경관(Kulturlandschaft) 직불금'이라는 보조금을 지급하고 있다. 연방국인 독일이나 오스트리아는 주 정부마다 직불금 규정을 따로 두고 있으나 정책의 기조와 원칙은 크게 다르지 않다.

독일 바이에른주는 주 정부가 20퍼센트, 독일 연방 정부가 30퍼센트, 유럽연합에서 50퍼센트를 분담해 지급 재원을 조달하고 있다. 특히 바이에른주에는 농사 규모가 크지 않은 소농들이 많아 '소농들을 먹여 살리는' 직불금이 가장 중요한 농업정책이라 할 수 있다.

독일 연방은 1984년부터, 바이에른주는 1988년부터 직불금 제도를 도입했다. 농민들이 직불금을 받으려면 직불금 제도의 주요 취지와 목적을 충실히 따르고 이행해야 한다. 우선 이산화탄소, 암모니아 같은 유해 가스 배출량을 줄이기 위해 노력하며 기후 위기 문제를 극복할 수 있는 방향으로 농사를 지어야 한다. 토양과 수자원도 보호해야 한다. 농사를 짓는 동안 지역의 고유한 문화경관을 보존하고 관리해야하는 것은 물론이다.

특히 농부들은 생태계 다양성을 유지하는 원칙을 고수한다. 당연히 윤리적 축산을 한다. 독일 가축동물보호법 1조는 "동물도 인간과 동등한 신의 창조물로서 인간은 이를 보호할 의무가 있다"고 선언하고 있다. 헌법과 동등한 효력을 갖는다. 소는 코뚜레를 쓰지 않고 초지와 고산지대에서 방목해 키우며 닭은 닭장에 가두지 않고 자연스럽게 키운다.

이 같은 문화경관 직불금 프로그램은 참여를 강제하지 않는다. 농부가 원하지 않으면 참여하지 않을 수 있지만 직불금은 받을 수 없다. 독일, 오스트리아에서는 농가 소득의 절반 이상을 보전하는 직불금을 받지 못하면 소농들이 농촌에서 생활하기 어렵다. 통상 5년 단위로 계약하며 가령 5년 동안 농민이 유기농사를 짓겠다고 약속하면 경관을 보전하는 데 기여했으므로 직불금을 받는다.

기후와 토양, 생태계 보호 약속하면 직불금을

바이에른주 문화경관 직불금 프로그램은 2016년 신규 지원 항목이 추가됐다. 유기농, 환경 보호를 추구하고 기후 위기를 막는 데 목적을 두며 효용을 더 강화하는 방향이었다. 예를 들어 초지와 밭에 비료를 주지 않고 유기농사를 지으면 1헥타르당 273유로를 지급한다는 것이다.

지구 온난화 방지도 강조하고 있다. 암모니아 가스 배출을 막기 위해 액비를 밭에 살포하면 형사 처벌 대상이 된다. 액비를 땅 밑으로 뿌리면 1평방미터마다 1.5유로, 1헥타르마다 최대 54유로까지 추가 징수한다. 아울러 하천이나 땅을 오염시킬 수 있는 원인도 미리 차단하려고 노력한다. 하천 인근 습지를 초지로 전환하면 1헥타르 마다 570유로를 지급한다.

토양 유실을 방지하고 수자원을 보호하기 위해 특화된 작물을 재배한다면 1헥타르에 920유로를 지급한다. 특히 토양

유실이 우려되는 집약농업단지에서 유기농 재배를 하면 1헥타르마다 250유로를 추가 지급한다. 생태계 다양성 유지를 위한 노력도 인상적이다. 작물이 꽃 피고 열매를 맺을 때까지 유지하면 1헥타르에 600유로를 지급한다.

독일은 숲의 나라다. 도시를 벗어나면 바로 광활한 숲이 이어진다. 프라이부르크를 둘러싼 흑림, 슈바르츠발트(Schwarzwald)는 마치 검은 바다처럼 아름다운 숲이다. 숲을 보호하려는 직불금도 따로 있다. 숲에 접한 밭 주변에 제초제를 뿌리지 않으면 1평방미터마다 2.7유로를 추가 지급한다. 숲 생태계의 다양한 동식물을 보호하려는 목적이다. 독일은 농정기관이 아닌 세무서에서 토양을 관리하므로 땅의 평가에 따라 직불금은 차등 지급된다.

경관을 위해 정부와 농가가 엄격한 약속대로 농사짓는다

초지 1헥타르마다 1.4두 가축을 사육하면 169유로를 따로 지원한다. 단위면적당 사육 가축 개체수가 줄어드는 만큼 자연을 보호하고 환경에 부담을 덜 주는 효과가 있다. 유기농 축산 농가가 사료 없이 목초만으로 사육한다면 1헥타르마다 100유로를 지급한다. 또 500킬로그램의 소를 넉 달 이상 자연에서 방목해 키우면 50유로를 지급한다.

일반 농가가 유기농가로 전환하려면 2년 정도 시간이 필요한데 이 전환 기간 동안 감당해야 하는 손실을 보전해주는 전환농가 직불금이 따로 있다. 직불금은 1헥타르마다 축산 농가는 350유로, 채소 농가는 915유로, 과수 농가는 1,250유로다.

농민들은 계약 조건을 철저히 지켜야 직불금을 제대로 받을 수 있다. 예를 들어 9년 동안 농자재 구입 영수증을 반드시 보관해야 한다. 한 해에 두 번 정도는 산지의 풀을 베서 초지를 아름답게 관리해야 한다. 당연히 화학 비료나 제초제를 몰래 뿌리면 안 된다. 만일 이러한 의무 규정을 하나라도 어기면 막대한 벌금이 부과된다.

유럽연합의 농정 공무원들은 농민들이 약속대로 농사를 짓는지 철저히 감시한다. 국민의 세금으로 직불금을 지원하기 때문이다. 다만 사회적 농부들은 독일의 공무원들이 감시하지 않는다. 유럽연합 다른 나라에 소속된 공무원이 불시에 감시한다. 단속에 걸리면 다시는 농사를 짓지 못할 정도로 엄격하다. 그런데 지금까지 단속에 걸린 사례는 거의 없다고 한다. 정부와 공무원과 농부가 서로를 믿기에 가능한 일이다.

우리나라 200만 노동조합원들이 1만 명 농민 회원과 연대할 수 없을까

평소 가지고 있는 의문이다. 100배도 넘을 노동조합원들이 조직 차원에서 연대해 우리나라 농민 회원들이 생산하는 농산물을 먼저 사줄 수는 없을까. '의식도 있고 구매력도 있는' 노동조합원들이 왜 농민 회원들의 절박한 생활과 생계에 관심이 없을까. 우리나라에서도 노동자와 농민의 연대 모델을 만들 필요가 있다.

물론 생계와 직결된 절박한 노동 현안을 다루지 않은 일상에서는 노동조합원들도 그저 보통 시민과 다를 바 없을 것이다. 노동자이면서 동시에 대형마트에서 싼 상품을 우선 구매하는 도시 소비자이기도 하다.

그래도 아쉬움이 남는 것은 노동조합원조차 농민 회원의 농산물과 먹거리를 외면하는데 불특정 다수의 일반 도시민과 국민에게 "농민의 농산물을 사 달라"고 호소하고 당부할 수 있을까. 그래서 불특정 다수 도시민을 대상으로 하는 도농교류 캠페인이니 1사 1촌 자매결연은 왠지 공허하고 막연하다.

그렇다면 농촌 한 곳 농민회와 도시 한 곳이 넘는 노동조합의 상호호혜적 결연 협약부터 맺는 것은 어떨까. 그렇게

상시 직거래 물꼬를 트면 되지 않을까. 이왕이면 농촌과 도시 노동자 직거래 급식과 꾸러미사업단도 조직하고 가동하면 더 좋겠다. 노동부나 농식품부 같은 관련 중앙정부와 해당 자자체가 농민과 노동자가 서로 상생할 수 있도록 관련 예산을 마련하도록 촉구할 수도 있을 것이다.

이렇게 노동자와 농민이 생산자와 소비자로서 연대하면 둘 다 좋다. 단순한 상거래가 아니라 말 그대로 상생관계가 된다. 농장도 살고 공장도, 기업도 산다. 농촌도 살고 도시도, 국가도 산다.

왼쪽 직불금으로 정부가 소농들의 기본생활을 책임지는 레오강 마을 중심가
오른쪽 잘펠덴 농민직판장을 운영하는 농민 대표, 프란츠 보이트 호버 회장

상공인이 세우고 농민이 운영하는 레오강 마을 잘펠덴 농민직판장

위 와인 관광가도의 중심에 자리 잡은 포도밭
아래 귀농한 예술가가 운영하는 퇴페라이 농박

포도로 공생하는
라인스바일러 와인 마을

800년 마을에서 2000년 포도농사를

　로만틱, 고성, 알펜, 장난감, 와인…. 모두 독일에 150개가 넘게 조성된 '관광 거리' 이름이다. 그 다채로운 이름만 들어도 어떤 매력을 품고 있을지 설렌다. 그 가운데 독일 최초 테마 거리인 포도주 거리 '봐인 슈트라쎄(Wein Strasse)'는 관광객들에게 인기가 특히 높다. 라인강을 따라 북쪽에서 남쪽으로 약 85킬로미터쯤 이어지는 와인 거리는 국경을 넘어 프랑스 알자스 지역으로 연결된다.

　포도주 거리는 다양한 품종의 포도 산지로 유서 깊은 독일 남부 팔츠(Pfalz) 지역을 관통하고 있다. 예로부터 팔츠 지역 고지대는 각 지역 영주들의 고성이 즐비했다. 성 아래 경사지는 따뜻하고 일조량이 풍부해 포도를 재배하기에 최적이었다. 이곳에서 만든 포도주는 품질이 좋아 로마 시대부터 명성을 날렸다.

독일 와인은 고대 로마 시대부터 2,000년 넘게 전승된 포도 재배의 전통과 오래 쌓인 기술을 자랑한다. 이곳은 유럽 전통 와인 생산국 가운데 최북단에 자리 잡았다. 포도를 재배할 수 있는 북방 한계선이 바로 이 지역인 것이다. 예측하기 어려운 기후와 추운 공기 탓에 최적의 포도 재배지는 아니다. 독일 포도밭 대부분이 찬바람을 막아주는 숲이 울창한 언덕이나 경사지, 햇볕을 반사하면서 주위 온도를 일정하게 유지하는 하천을 따라 펼쳐져 있는 이유다.

강수량과 일조량이 조화를 이루는 기후에서 환경 친화적 재배 기술로 포도를 생산하고 첨단 기술을 결합해 최고 품질의 와인을 빚어낸다. 서서히 익으면서 당분을 축적하고 신선한 산미(酸味)를 유지한다. 특히 숙성되면서 독특한 향을 풍기는 리슬링(Riesling) 와인은 세계 포도 재배량의 60퍼센트를 차지할 정도다. 리슬링 말고도 바이스부르군더(Weissburgunder), 그라우부르군더(Grauburgunder) 같은 와인이 있다.

동화 같은 마을 속 오래된 와인 거리

와인 거리를 따라 크고 작은 고풍스런 도시와 마을들이 자연스레 이어진다. 포도를 가공해 와인을 만들거나 관광객을 유치해 먹고사는 농촌관광 체험 마을들이다. 6월부터는 크고 작은 마을 축제도 다채롭게 꾸준히 벌어진다. 축제는 봄부터 가을까지 쉬지 않고 이어진다. 축제를 즐기는 관광객의 발길도 끊이지 않는다.

포도가 익어가는 마을마다 수백 년이 넘은 중세 건축물과 거리가 온전히 보존돼 있다. 살아 있는 야외 박물관이 따로 없다. 조상이 물려준 숲과 초지, 문화와 경관을 환경에 이로운 생태방식으로 지키려는 정부와 농민이 합심한 노력의 결과다. 마치 동화 같은 풍광이다. 글로 더 표현하는 것은 부질없는 노력일 뿐이다. 사진으로도 이 감동을 전하는 데 한계가 있다. 직접 가서 눈으로 보는 게 가장 좋다.

놀라운 사실은 지붕 각도, 담장 색깔 따위 건축물 외관은 집주인도 마음대로 손댈 수 없다는 점이다. 국가에서 법으로 정한 규정대로 유지하고 보존해야 한다. 독일의 오랜 전통, 아름다운 문화경관이 살아 있는 농가 주택을 사유물이 아니라 온 국민의 공유재로 대접하는 셈이다. 심지어 농사에 방해될 듯한 들판의 고목 하나도 마음대로 베어낼 수 없다. 나무 한 그루조차 농촌의 소중한 문화이고 경관이라는 게 이유다.

이처럼 아름다운 라인란트팔츠(Rheinland Pfalz)주 라인스바일러(Leinsweiler) 와인 공동체 마을이 고즈넉하게 자리 잡고 있다. 마을 중심에는 1935년 만들어진, 독일에서 가장 오래된 '포도주 거리(Wein Strasse)가 있다. 풍미가 뛰어난 명품 수제 와인 명소로도 유명하다. 마을 입구부터 마치 잘 정돈된 공원에 들어서는 기분이 들었다. 가히 '포도 하나로 일군 농촌생활 공동체'라는 별명이 저절로 떠올랐다.

800년 중세 역사가 물려준 값진 공유재, 와인

라인스바일러 마을은 800년 넘은 오래된 마을이다. 그런데 라인란트팔츠 지역에서 유일하게 중세 시대 건물과 거리가 그대로 남아 있다. 그것도 박제된 박물관이나 기념관이 아니라 주민이 생활하는 주택으로 현대를 살아남았다. 외관은 마음대로 훼손할 수 없지만 내부 주거 환경은 현대식 인테리어로 개조해 사용하고 있다.

마을 인구 450여 명, 총 180가구 가운데 와인 농가는 12가구에 불과하다. 하지만 와인 농가끼리만 고부가 가치 수익을 창출할 기회를 독점하지 않는다. 양조장을 소유하지 않은 나머지 농가도 조상이 물려준 마을의 공유 자산인 와인으로 함께 먹고산다. 양조장을 중심으로 곳곳에서 와인 시음장, 전통 식당, 농가 민박 시설을 운영한다. 라인스바일러 농가들은 독일 농가 평균 소득 이상의 농외소득을 창출하고 있다.

라인스바일러 마을을 찾는 관광객은 연간 5만 명이 넘는다. 독일 관광 거리 가운데 가장 인기 있는 와인 거리의 대표 마을답다. 관광객들이 주로 묵는 민박을 운영하는 농가는 30가구 정도다. 한국의 농촌 체험 마을의 민박집이나 펜션을 생각하면 오산이다. 웬만한 호텔보다 더 정갈하고 세련된 민박이 적지 않다.

민박은 독일 관광협회(DTV)에서 철저히 관리한다. 모든 숙박 시설을 평가해 별점 등급을 매긴다. 편리함, 화려함도 중요하지만 농촌답고 고풍스러운 부문에 점수를 많이 배점한다. 고풍스러운 마을에 자리 잡은 라인스바일러 민박은 늘 높은 점수와 등급을 받는다. 와인 거리 14개 마을을 대표하는 라인스바일러 마을에는 관광청의 홍보 공무원 2인이 상주할 정도다.

와인 마이스터를 만나 휴양하고 치유하는 국민 모두의 별장

라인스바일러는 물론 독일 농촌 마을에는 보통 가족끼리 오래 머무는 단골 휴양객이 대부분이다. 봄가을에는 3일 이상, 여름에는 7일 이상 머무는 손님들이 많다. 일단 독일에는 농촌관광이라는 표현을 쓰지 않는다. 관광이 아니라 '휴양'이나 '치유'라 부른다. "농촌은 구경하는 곳이 아니라 옷깃을 여미고 쉬러 오는 공간"이라고 생각하기 때문이다. 일상에 지친 도시민들이 휴양과 치유를 목적으로 농촌을 찾는다. 그래서 농촌 주민들은 '독일 국민들의 별장지기'로 불린다.

관광객들이 라인스바일러 마을을 찾아와 며칠씩 묵고 가는 이유는 당연히 '와인'이다. 와인 마이스터들이 대를 잇는 가족농 형태로 양조장을 운영한다. 와인 농가마다 독특한 풍미의 와인을 경쟁하듯 만들고 있다. 농가마다 대대로 전승해온 비장의 비법을 간직하고 있는 것은 물론이다. 그래서 양조장마다 맛과 향이 다 다르다고 한다. 물론 와인을 잘 모르는 나로서는 그 미묘한 차이를 알 길이 없다.

특히 저마다 독특한 풍미를 자랑하는 10여 농가의 와인은 선의의 경쟁을 벌인다. 품질은 크게 차이나지 않는다. 주민들이 공동으로 설립한 조합에서 와인 품질을 철저히 공동 관리하고 있기 때문이다. 개별 양조장보다는 라인스바일러 공동체의 가치를 더 우선한다는 약속을 모두가 지키고 있다.

45만 유로의 억대 가족농, 슈투빙어 와인 마이스터

품질과 상품성이 좋은 라인스바일러산 와인은 이제 독일 전역을 넘어 나라밖으로 수출하고 있다. 와인 마이스터인 페터 슈투빙어(Peter Stubinger) 씨의 양조장에서 생산하는 와인 60퍼센트는 직판하고 나머지는 함부르크를 비롯한 먼 북부 독일까지 판매한다. 이곳 와인 가운데 90퍼센트는 백포도주(Weiss Wein)이다.

15헥타르의 포도밭을 3대에 걸쳐 온 가족이 함께 농사짓고 와인을 주조한다. 통상 한 가족농이 감당할 수 있는 적정 규모는 5헥타르 정도라고 한다. 그렇다면 스튜빙어 가족농은 약 3배 규모를 감당하는 셈이다. 10여 개 품종의 포도를 재배해 50여 가지 와인을 만든다. 1제곱미터에 와인 1리터가 생산된다고 한다. 와인 1리터를 3유로에 팔면 1헥타르에서 3만 유로 고소득을 올리는 셈이다.

5헥타르만 해도 큰 소득을 얻을 텐데 스튜빙어 가족농은 그 3배인 15헥타르에서 해마다 45만 유로 소득을 올리는 고소득 농가다. 게다가 사과밭 1.5헥타르에서 사과주 같은 과일 증류주도 만들고 식당과 민박까지 겸하는 복합 농가다. 민박은 독일 관광협회에서 별점 3~4개 등급으로 인증받았다.

라인스바일러의 양조장과 민박을 찾는 관광객들은 가격이 다소 비싸더라도 직접 농가를 찾아가는 이유에 대해 이렇게 말한다. 지역에서 생산하는 유기농산물을 구입해 먹으면 건강해지는 기분이 들고, 또 중세시대의 풍광이 살아 있는 농촌 마을에서 조상의 전통과 문화를 체감할 수 있고, 아울러 자연과 환경의 고마움도 새삼 느낄 수 있다고 입을 모은다.

이러한 도시 소비자와 관광객들의 신뢰와 기대를 라인스

바일러의 농부들은 잘 알고 있다. 그래서 자신들이 생산하는 먹을거리에 자부심을 갖고 공들인다. 농촌 마을의 문화와 경관을 잘 보전하기 위해 애쓴다. 농사는 힘든 일이지만 그만큼 보람과 긍지를 느끼기에 쉽게 그만두거나 농촌을 떠나지 않는다.

와인 관광가도의 중심에 자리 잡은, 포도밭에 둘러싸인 라인스바일러

왼쪽 800년 된 라인스바일러 포도(와인) 공동체 마을
오른쪽 슈투빙어 와인 농장의 농장주이자 와인 마이스터 피터 슈투빙어 씨

슈투빙어 가족농의 양조장, 레스토랑, 민박

위 카를스루에의 클라인가르텐
아래 도시 전체가 시민들의 생태적 공유지인 카를스루에 시가

주말텃밭 아닌 치유정원
카를스루에의 클라인가르텐

독일 국민 절반이 행복해지는 도시 속 농촌

"하농(下農)은 풀을 기르고 중농(中農)은 곡식을 기르고 상농(上農)은 땅을 기르고 성농(聖農)은 사람을 기른다."

옛 농부들은 농사꾼에도 등급을 매겼다. 농사를 짓기는 하지만 게을러서 잡초만 열심히 키우는 농부를 '하농작초(下農作草)'라 놀렸다. 딸자식을 가진 부모는 신랑감이 농사짓는 논밭을 살펴서 하농으로 보이면 시집을 보내지 않았다. 봄부터 가을까지 오직 농사에만 매달려서 큰 수확을 거둔 부지런한 농부는 '중농작곡(中農作穀)'이라 칭찬했다. 중농은 그 보상으로 겨울철 농한기에 쉴 수 있었다.

중농보다 상농을 더 좋은 농부로 쳤다. 이듬해 농사를 미리 준비하고자 농한기 겨울철에도 쉬지 않는 농부가 상농이다. 겨우내 땅에 거름과 두엄을 넣고 언 땅을 쉼 없이 갈아엎고 흙을 보살피며 땅의 지력을 높이려 애쓰는 농부를 '상농작토(上農作土)'라 칭송했다.

 농부로서 오를 수 있는 최고 경지는 성농이다. 가히 성스러운 경지의 농부라는 말이다. 먹거리로 사람을 살리는 농부를 '성농작인(聖農作人)'이라며 존경하고 경외했다. 다산 정약용 선생이 언급한 내용이다. 다산은 농업을 먹을거리의 근본(農者, 食之本)이자 백성의 이익(農者, 民之利也)이라고 설파한 중농정책의 기수다. "한 마을 단위로 토지를 공동소유·경작하게 하고, 노동량에 따라 수확을 분배해야 한다"고 주장했던 인물이다.

카를스루에 클라인가르텐에서 만난 다산 정약용

 조선을 대표하는 중농학자 다산의 철학은 이른바 삼농(三農) 정책에 고스란히 담겨 있다. "대저 농사란 장사보다 이익이 적으니 정부가 갖가지 정책을 통해 수지맞는 농사가 되도록 해줘야 한다"는 후농(厚農)주의를 내세운다. 또 "원래 공업에 비해 농사짓기가 불편하고 고통스러우니 정부는 경지정리, 관개수리, 기계화를 통해 농사를 편히 지을 수 있도록 해야 한다"는 편농(便農)주의를 강조한다. 그리고 "대체로 농민의 지위가 선비보다 낮고 사회적으로 대접을 제대로 받지 못함에 비추어 농민의 사회적 위상을 높이는 정책을 펼쳐야 한다"는 상농(上農)주의를 주장한다.

이런 위대한 조선의 중농학자 다산을, 놀랍게도 한국 농촌이 아닌 독일 도시에서 마주쳤다. 카를스루에시 클라인가르텐협회 교육장에 다산의 중농철학과 인본주의 사상이 족자로 만들어 소중하게 걸려 있다.

독일 바덴-뷔르템베르크(Baden-Württemberg)주 카를스루에(Karlsruhe)시는 슈바르츠발트 삼림지대 북쪽 가장자리에 자리 잡고 있다. 18세기 초 카를 빌헬름 후작이 사냥용 오두막 카를스루(카를의 휴양지) 근처 성을 지은 것이 도시의 기원이다. 그 성의 탑을 중심으로 도시가 부채 모양으로 설계됐다. 연방헌법재판소가 있어 법치국가 독일의 상징처럼 여겨진다.

특히 시민들이 공유하는 시유지가 드넓다. 카를스루에시 클라인가르텐협회(Gartenfreunde)는 시유지(공유지) 240만 평을 사용하고 있다. 이 '시민 모두의 땅' 위에 평균 250~300 제곱미터의 작은 공원을 뜻하는 클라인가르텐(Kleingarten) 약 79개 단지, 7,800여 개를 조성했다. 반경 15킬로미터 안에 거주하는 카를스루에 시민들이면 누구나 이용이 가능한 공유자산이다.

클라인가르텐, 삶과 일과 놀이가 하나되는 공간

독일은 도시를 건설하려면 연방건축법 제5조에 정한 대

로 도시민들의 치유정원 구실을 하는 클라인가르텐을 반드시 조성해야 한다. 클라인가르텐은 도시민들을 위해 지자체에서 저렴하게 임대하는 작은 농장이다. 시민들에게 건강 증진과 휴식의 장이 돼주며 도시 미관을 가꾸는 공원의 기능도 톡톡히 하고 있다. 또한 다양한 직업, 연령, 인종의 시민들이 참여해 교류함으로써 사회적 통합을 이룰 수 있다. 또한 농약과 화학비료를 사용하지 않고 유기농을 실천해 도시 생태계를 복원하는 데 기여한다. 도시 공기를 정화하고, 여름에는 기온을 낮추는 도시의 허파 기능도 수행한다.

교육장에 다산의 족자를 걸어둔 이는 한국에도 여러 차례 다녀간 지한파 알프레드 뤼틴(Alfred Lüthin) 씨다. 독일 클라인가르텐협회 부회장이자 카를스루에협회 회장을 오래 맡고 있다. 독일 전역에 총 140만 개의 클라인가르텐이 운영되고 있는데 카를스루에협회는 4년마다 열리는 전국 클라인가르텐 경진대회에서 11번이나 금메달을 수상했다.

클라인가르텐 안 오두막에는 수세식 화장실을 설치할 수 없고 주거와 숙박은 불가하다. 다만 상하수도 시설은 제한적으로 설비할 수 있다. 휴식 공간 용도로 16제곱미터 내 건축물은 설치할 수 있다. 또 전체 면적의 3분의 1은 농사짓는 텃밭 공간, 3분의 1은 휴식 공간, 나머지 3분의 1은 놀이하는 활동 공간으로 꾸며야 한다고 법으로 정해놓았다. 주변

정원 사람들과도 활발히 교류하도록 정원에 나무를 높게 심을 수도 없다. 철저히 관리되는 클라인가르텐은 독일의 도시민들에게는 삶과 일과 놀이가 하나 되는 공동체에 다름 아니다.

도시생활에 다친 몸과 마음을 치유하는 나눔의 공동체

카를스루에 클라인가르텐은 똑같은 모양이 하나도 없다. 저마다 자유롭고 창의성 넘치게 설계했다. 다만 공유 공간, 친교 행사는 함께 머리를 맞대 만들어야 한다. 피치 못할 사정이 생긴 이웃의 텃밭과 정원도 상부상조로 보살피는 공동체 질서를 지켜야 한다. 그래야 도시의 시멘트 아파트, 철골 빌딩에 지치고 다친 몸과 마음을 치유하는 곳으로 기능할 수 있기 때문이다.

농약, 가축, 시멘트, 농기계 작업은 클라인가르텐 안에서는 엄격히 금지돼 있다. 담을 높이 쌓을 수도 없다. 시민들의 공유 자산을 빌려 쓰는 것이므로 사사로운 매매나 임대 거래도 안 된다. 다만 이용자의 사망이나 관리가 어려운 경우는 예외로 둔다. 단, 협회가 산정한 가격으로 투자 비용을 보상받고 인계할 수 있다.

카를스루에 시민이면 누구나 부담 없이 클라인가르텐을 이용할 수 있다. 10년 동안 임대료는 변함이 없다. 해마다

350유로(달마다 29유로 17센트)에 불과하다. 협회비 60유로, 임대료 45유로, 전기료 50유로, 물 이용료 120유로, 보험료 75유로 따위가 모두 포함된 금액이다.

클라인가르텐은 슈레버가르텐(Schrebergarten)으로 불리기도 한다. 19세기 독일 라이프치히의 의사 다니엘 슈레버의 특별한 처방에서 유래되었기 때문이다.

"모든 병은 햇볕을 쬐지 않고 일만 해서 생기는 것이니, 밖에 나가 햇볕을 쬐고 맑은 공기를 마시며 흙에서 푸른 채소를 가꿔라."

슈레버 박사가 자주 내리는 처방전이다. 도시 생활에서 오는 탁한 공기, 운동 부족 따위가 사람들을 병들게 한다는 사실을 강조했다. 훗날 슈레버 박사의 사위가 장인의 처방전을 그대로 실천한 게 클라인가르텐이 됐다고 한다.

한국의 도시텃밭은 '슈레버가르텐'과 다른 도농상생 전초기지라야

2차 세계 대전 뒤 패전국 독일에서는 도시텃밭이 부족한 식량을 보태는 기능도 감당했다. 오늘날엔 국민 건강과 휴양 기능에 초점이 맞춰져 있다. 처음 취지에 걸맞게 도시의 허파, 동식물 보호를 통한 생태계 복원으로 도시의 생태공원화를 주도하는 성과와 사회적 효과를 거두고 있다. 본디 도시텃밭 클라인가르텐은 일본, 한국처럼 '도시농장이나 교외 주말 별장'이 아니라 '치유정원'이라야 한다.

그래서 독일 클라인가르텐에서는 한국에서 도시농업을 표방하는 일부 사업자들처럼 농산물을 상업 판매할 수 없다. 그만큼 농민들이 피해를 보기 때문이다. 무상 기부는 얼마든지 가능하다. 무엇보다 도시농업은 판매보다는 나눔에 초점을 두는 사회와 공동체의 선의에 바탕을 두고 있다.

지금 한국도 이른바 도시농업, 도시텃밭이 유행이다. 농촌을 떠나 왔지만 경작 본능은 도시민에게도 남아 있다. 귀농이나 귀촌을 준비하거나 경작 본능에 따라 텃밭을 일구는 사람이 많다. 한국의 도시농업도 도시라는 차가운 공간을 사람다움을 드러내는 따뜻한 공간으로 바꾸는 효과가 있다. 도시농업에 참여하는 사람들은 서로 지식을 공유하고 일손을 보태주면서 나눔 공동체의 가치와 정서를 경험하게 된다.

무엇보다 농민은 도시민의 생명을 책임지고 도시민은 농민의 생활을 책임지는 도농상생의 전초기지가 바로 도시텃밭, 도시농업이라 할 수 있다. 정부도 '도시농업의 육성과 지원에 관한 법률'을 제정해 도시민들의 농사 체험이 주는 정서 함양, 건강 증진, 공동체 회복을 비롯한 순기능에 주목하고 있다.

무엇보다 우리의 도시농업은 쿠바, 네팔 같은 생계형 도시농업과 출발이 다르다. 독일의 클라인가르텐처럼 여가를 위한 농업과도 방향과 방법이 달라야 한다. 농촌이 주식 차원에서 식량기지라면, 도시는 부식을 생산하는 식량 자급기지가 돼야 한다고 본다. 따라서 도시농업의 궁극적인 목적과 가치는 다름 아닌 '도농상생'의 전초기지, '국민 농업'의 문으로 들어가는 열쇠라야 한다.

카를스루에 클라인가르텐 협회

왼쪽 독일 클라인가르텐협회 부회장 겸 카를스루에협회 회장인 알프레드 뤼틴 씨 부부
오른쪽 전국 클라인가르텐 경진대회에서 열한 번이나 금메달을 받았다.

농사, 휴식, 놀이 공간으로 삼분의 일씩 꾸민 클라인가르텐

4

사회적 농부의 나라

위 독일 농부는 지역 순환 농업과 생태 경관을 지키는 역할을 한다.
아래 농촌관광은 휴식을 뜻하며 대체로 가족 단위로 보름 넘게 체류한다.

국민의 별장지기가 지키는 농촌관광

사람과 자연이 조화로운 농촌에서 휴식 같은 관광

 2차 세계 대전을 일으킨 전범국가로 1945년 패망한 독일. 그런데 10년도 채 되지 않아 '라인강의 기적'이라는 신화로 부활한다. 말 그대로 기적 같은 경제 부흥으로 다시 융성하기 시작한 것이다. 이때, 독일 국민들의 고민도 시작됐다.

 값진 경제 성과를 어디에, 어떻게 사용하는 게 좋을지 심사숙고했다. 국민들은 사회 합의로 국가 최우선 과제를 이끌어냈다. 농촌부터 먼저 복원하기로 한 것이다. 농촌을 살리면 도시가 살아나고 마침내 국가가 살아난다는 사실을 잘 알고 있었다. 독일인다운 지극히 합리에 바탕을 둔 깨달음에서 비롯된 것이다.

 1954년에 '농촌 복원의 철학과 원칙'을 세운다. '녹색 계획(Green Plan)'이란 이름으로 농민도 일반 국민과 동등한 소득과 풍요로운 삶의 질을 향유할 수 있도록 했다. 농민도 국가 발전에 당당히 동참할 수 있기 때문이다. 경쟁력 향상, 소득 증대만 추구해 '부자 농민'이 되라고 선동하는 것은 농업과 농촌을 망치는 짓이라고 판단했다. 대다수 소농들의 토대가 무너지고 농촌을 떠나 도시 난민으로 떠돌 수밖에 없다는 것이다. 그리고 농민의 사회 책무를 정확히 명시했다. 국민에게 질 좋고 건강한 농산물을 적정한 가격에 안정되게 공급하는 게 농민의 도리이자 할 일이라는 것이다. 농산물을 과대 포장해 비싸게 판다면 세금을 내는 국민을 배반하는 일이라고 경고했다.

상점도, 간판도 없는 호숫가

나아가 독일은 자국의 식량 문제 해결에만 매달리지 않았다. 패전국이 되면서 먹거리의 중요성을 뼈저리게 깨달았다. 결코 먹는 것으로 다른 나라의 목을 조이지 않기로 했다. 공정하고 평화로운 국제 농업 질서가 국가 이익만큼 중요하다고 여겼기 때문이다. 세계대전을 일으킨 전범국가로서 뼈아픈 자기 반성이 돋보이는 대목이다.

이 세 가지 원칙만으로도 녹색 계획은 경전처럼 경건하고 거룩하게 느껴진다. 60년 넘게 독일 농업과 농촌을 지켜낸 금과옥조다. 그 백미는 단연 마지막, 네 번째 원칙이라고 생각한다. 전 국토가 생태공원 같은 풍광의 독일을 직접 눈으로 보니 그 말이 더 진실하게 들린다. 농촌은 단지 '농사를 지어 돈을 버는 곳'이 아닌 '사람이 자연과 조화롭게 살아가는 곳'이라는 독일 농정 철학은 비로소 완성된다.

"자연과 농촌의 문화경관을 보존하며 다양한 동식물을 보호한다. 농촌의 자연, 문화경관은 모든 국민이 즐길 권리다. 국도변, 아름다운 호숫가에는 상점도, 간판도 들어설 수 없다."

그래서 독일의 농부들은 '국민의 별장지기', '국토의 정원사'로 불린다. 농사만 짓는 게 아니라, 농사를 짓는 공익 행위를 통해 녹색 계획에 명시된 대로 독일의 모든 국민들이 즐길 수 있는 자연과 농촌의 문화경관을 보존하며 다양한 동식물을 보호하기 때문이다.

농촌의 자연, 문화경관은 온 국민이 즐기는 공유재

독일, 오스트리아의 농촌관광은 "자연과 농촌의 문화경관을 보존하며 다양한 동식물을 보호한다"는 철학을 바탕으로 한다. 농민들은 "농촌의 자연과 문화경관은 모든 국민이 즐길 권리"라는 약속을 철저히 지키고 있다. 그래서 가족농, 협동조합 중심으로 지역 순환 농업 체계를 준수한다. 명실공히 농촌관광 전문가들이 모여서 높은 수준의 품질 관리 체계를 유지한다.

평야 지역인 독일 넷셀방(Nesselwanger)의 바벨 농가(Berghof Babel)는 대표 성공 모델이다. 부부와 삼 형제가 적정하게 역할을 분담하는 2대 가족농이다. 독일 가족농은 보통 맏아들이 농업을 가업으로 물려받는다. 맏아들의 책임과 역할이 가장 크다. 바벨 농가의 맏아들도 농업 마이스터로 농장을 맡고 있다. 둘째 아들은 농가 레스토랑을 책임진다. 셋째 아들은 치즈 마이스터로 치즈 가공장을 관리하고 있다. 1차는 맏아들, 2차는 셋째 아들, 3차는 둘째 아들이 책임지는 6차 산업형 가족농이다.

가족농이지만 투숙객 70명을 한 번에 수용할 수 있을 만큼 규모가 크다. 농가 민박은 투숙객 여덟 명 규모까지만 면세되는데 규모가 크다 보니 민박업으로 아예 허가를 받았다. 부대시설도 관광농원이나 전문 휴양리조트 못지않다. 실내 수영장, 스파, 승마장, 산악자전거 코스까지 갖추고 있다. 실내 모래 놀이터, 토끼장 같은 자연 친화적인 어린이 놀이 공간이 있어 아이를 동반한 가족 단위 관광객들이 즐겨 찾는다.

바벨 농가 같은 독일의 농촌관광 사업자들이 꼭 지키는 철칙이 있다. 농가 주택이나 농촌 마을의 자연 경관을 훼손하거나 파괴하지 않는다. 사유 재산이지만 마치 마을공동체와 지역 사회의 공유 재산처럼 여기며 페인트 색깔도 제 마음대로 고칠 수 없다. 주위 환경과 조화를 이뤄야 하고 이웃에게 피해를 주지 않기 위해서다.

농촌은 관광이 아닌 휴양하고 치유하는 곳

독일과 오스트리아의 농촌관광은 관광이라기보다 휴양 또는 치유에 가깝다. 특히 알프스 자락 티롤(Tirol) 지역은 천혜의 자연경관을 눈으로 바라보는 것만으로 휴양과 치유 효과를 느낄 수 있다. 티롤은 거의 모든 지역이 알프스 산맥 지대로 이뤄져 있기 때문이다.

북티롤에는 인(Inn)강이 흐른다. 그 위 '인강의 다리'라는 이름의 주도 인스부르크(Innsbruck)가 자리 잡고 있다. 석회암 지형 산악을 덮고 있던 산림을 개간한 초지의 풍광은 그림 같다. 티롤 지역 대부분 농촌 주민들은 주로 목초지 농경, 가축 사육, 낙농업, 삼림업에 종사한다. 특히 인 계곡에서는 밀과 호밀이 주 작목으로 재배한다.

특히 티롤 지형은 스키 타기에 안성맞춤이라 겨울 스포츠를 즐기러 온 관광객들로 붐빈다. 고지대는 눈이 녹지 않아 여름에도 스키를 즐길 수 있다. 하지만 티롤은 요양지로 더 각광받는다. 눈부시게 아름답고 청정한 자연 덕분이다. 오직 관광이나 유흥을 위해 온 관광객들보다 굳이 농가에서 묵어가려는 손님들이 많다. 3대, 4대를 이어 찾는 단골들도 적지 않다.

티롤을 대표하는 스키촌 키르히베르크(Kirchberg)에도 여름철까지 스키 손님들이 끊이지 않지만 복잡한 관광지라기보다 조용한 휴양촌에 가깝다. 90퍼센트가 산악 지형인 척박한 키르히베르크에는 스키를 즐기러 오는 세계 여러 나라 관광객들 덕분에 지역주민들이 먹고산다. 키르히베르크 농민들은 수백 년 된 농가 주택을 개량한 민박과 식당에서 스키 관광객들을 맞이한다. 얼핏 보면 우리나라 전라북도 무주리조트 상가촌 풍광과 흡사하다. 무주리조트의 호텔 티롤을 설계한 건축사가 바로 이곳 출신이다.

독일의 농촌관광은 보름 넘는 휴가형과 휴양형

한국농촌경제연구원의 〈외국의 농촌관광정책〉 연구 보고서에 따르면, 1970년대부터 독일 연방 정부의 관광 정책은 '공간 균형 발전'에 초점을 맞추고 있다. 특히 농촌 지역이 경제 발전해야 한다고 공간 계획법을 통해 강조한다. 무엇보다 농촌이 자연 친화적 휴가지, 휴식 공간으로 발전해야 한다고 명시하고 있다.

따라서 연방 정부와 주 정부가 공동 추진하는 지역경제 구조개선 정책이 곧 관광 산업 촉진을 위한 대표 정책이다. 무엇보다 독일은 지방자치가 발달된 연방 공화국이므로 관광정책도 산간 지역, 포도 재배 지역 같은 지역 특성에 따라 다양하게 이뤄진다. 농촌관광정책은 연방 정부의 농정 책임 부처인 식품농업소비자보호부(BMVEL)에서 주로 담당한다.

그렇지만 농촌관광산업을 특별히 육성하기 위한 별도 법은 없다. 오히려 독일 국토를 관장하는 연방건축기본법에 농촌 지역은 외곽 지역으로 분류돼 토지나 건물 용도를 변경하는 기준이 매우 엄격하다. 눈에 띄는 건 숙박업소에 대한 평가가 독일관광연맹(DTV)이 독일농업협회와 협력해 수시로 평가하고 등급을 정한다는 점이다.

다른 관광 업종과 다르게 농촌관광업은 대부분 농민들이 직접 운영하는 농가 민박이 주종을 이룬다. 농가 민박도 한국의 농촌관광 양상과는 다소 다르다. 여름철에 집중되는 농가 민박은 평균 보름 넘게 체류하는 휴가형, 휴양형 고객이 많다. 대부분 농가와 인연을 맺고 직접 예약해 이용하며, 이용객의 60~70퍼센트가 어린이를 동반한 가족이다. 지역 답사, 지역 음식, 긴장 완화, 편안한 잠, 스트레스 해소, 해방감, 자유 시간, 레크리에이션을 방문 동기로 꼽았다.

특히 남부 독일 바이에른주와 바덴-뷔르템부르그주는 농촌관광이 활성화돼 있다. 독일농민연맹과 독일농업협회가 민간 농촌관광사업을 주도하고 있다. 1991년 설립된 농가민박 농촌관광연방협의회는 독일농민연맹 소속으로 농촌관광을 총괄하는 기구다. 주 정부와 지방 차원의 농촌관광 관련 기관과 단체를 포괄한다. 1885년 설립된 독일농업협회(DLG)는 농촌의 생활과 농가의 수입을 개선하는 것이 주된 활동 목적이다. 독일은 사회적 합의로 국가 최우선 과제를 이끌어냈다. 농촌부터 먼저 복원하기로 한 것이다. 특별히 숙박 시설 운영과 품질 기준을 지도하며 '농가에서 휴가를'이란 사업을 추진하고 있다.

프랑스 '지뜨 드 프랑스'와 영국 '스테이 온 팜'

독일을 비롯한 서유럽 농촌관광은 1990년대 뒤로 농촌체험, 전통 식당, 농산품 직판, 숙박, 스포츠처럼 서비스 내용이 다양해졌다. 유럽연합 농업정책의 기조가 농산품 시장 개방과 함께 생산성 중심 정책에서 농산품 품질 향상, 친환경 농업, 어메니티 자원(농촌 고유의 가치와 정체성을 보여주는 유·무형 자원)에 기반한 농촌개발로 전환함에 따른 것이다.

특히 프랑스는 농촌관광 발전 우수 사례로 유럽 주변 국가들에게도 큰 영향을 미치고 있다. 정부 부처(국토정비청, 관광부, 환경부, 농림부)들이 서로 효율 있는 추진 체계를 가지고 있다. 아울러 주요 농촌관광 연결망을 상품으로 앞세우고 있다. '농장에 오신 것을 환영합니다(Bienvenue a la

Ferme)'가 관광상품 이름이다. 또한 상품마다 품질 헌장을 제정하고 농촌관광상품을 행정 단위가 아닌 지리와 역사 문화 단위로 설정해 홍보하고 추진한다.

프랑스 농촌관광은 농촌 지역의 일반 관광 시설(호텔과 식당), 농가주택을 숙박 시설로 개량한 '지뜨', 농업과 연계된 현업 농가의 관광 시설, 이렇게 세 가지 구조로 설명된다. 특히 '지뜨 드 프랑스(Gites de France)'는 1951년 알프스 지역에서 농업 은퇴자 그룹을 중심으로 농촌 전통 건축물 보전을 위한 민간 사회 운동 차원에서 시작됐다. 지금은 대표 프랑스 농촌관광 숙박 시설이자 서비스 상품으로 자리매김했다.

영국 농장휴가협회(Farm Holiday Bureau)가 운영하는 농장에서 머물기, '스테이 온 팜(Stay On Farm)'도 인정받고 있는 성공 사례다. 농장휴가협회는 왕립영국농업협회, 정부의 농업보급기관, 주간농업지 같은 농업관계단체와 관광국 지원을 받아 농촌민박 운영자들이 1983년 설립했다.

녹색관광 상품의 특징은 농가 일손의 편의를 위해 숙박(Bed)와 아침식사(Breakfast)만을 제공하는 소규모 민박 형태(B&B형)가 발달했다는 것이다. 대부분 민박 농가가 건물을 신축하지 않고 있는 그대로 시골 생활을 보여주거나 문화, 역사 유산, 풍경 같은 것을 앞세운다.

독일의 호숫가에는 상점도, 간판도 들어설 수 없다.

키르히베르크의 열기구 관광

위 오스트리아 티롤의 건축사가 설계한 무주리조트의 호텔 티롤
아래 오스트리아 티롤 키르히베르크 스키 테마 농촌 관광마을

뮌헨시 빅투알리엔 시장의 솟대

농민과 시민이 서로 살리는 농민시장

농민시장에선 슈퍼마켓보다 더 많은 대화를

"농민시장에서 장을 보는 사람은 슈퍼마켓에서 장을 보는 사람들보다 평균 열 배 더 많이 대화한다." 독일의 농민시장에 직접 가보니 《우주의 오아시스 지구》 저자이자 세계 최고의 녹색 저널리스트인 빌 매키번(Bill Mckibbern)이 한 말이 딱 맞다. 농민시장에서는 독일어가 아니라 영어로라도 한마디 안 할 수가 없다. 자꾸 독일 농부에게 말을 붙이고 싶어진다.

2014년 5월, 평생 처음 한국 밖으로 나갔다. 독일 카를스루에 인근 작은 마을 에틀링겐(Ettlingen)에서 나라밖 첫날밤을 맞이했다. 머나먼 이국에서 낯선 기분, 앞으로 이어질 여정에 대한 설렘과 시차 탓에 잠은 쉽게 오지 않았다. 밤 11시 억지로 잠을 청했으나 1시간마다 눈이 떠졌다. 결국 새벽 3시부터는 정신이 또렷해지면서 어서 동이 트기만을 기다리는 수밖에 없었다.

야속하게도 새벽은 시간이 멈춘 듯 아주 느리게 흘러갔다. 결국 더 참지 못하고 자리를 박차고 일어났다. 다소 불안한 마음으로 채 동이 트지 않은 어두운 길거리로 나섰다. 독일의 낯선 마을에서 골목길 사정조차 알 수 없는 이방인 처지였지만 모든 길은 결국 광장으로 통한다는 사실만 믿을 뿐이었다.

두리번거리며 길을 걷다보니 역시 광장이 나타났다. 그때 광장 한쪽에서 바스락거리는 인기척이 났다. 유색인을 경계한다는 독일의 새벽 거리가 약간 무서웠으나 호기심이 두려움을 앞질렀다. 조심스레 가까이 다가가보니 독일 농부들이 저마다 농산물 좌판을 분주히 차리고 있는 게 아닌가.

독일 작은 마을, 농민장터에서 깨달은 것

농민들을 보자 비로소 마음이 놓였다. 그때 비슷한 불면증 증상을 겪었을 연수단원들도 하나둘 광장에 나타났다. 그러자 용기를 내 치즈, 햄 같은 가공품 좌판을 차리고 있던 한 농부에게 말을 걸었다. "이것은 무슨 치즈죠? 이거 얼마예요?"

이때 빌 매키번의 말이 절로 떠올랐다. 나는 원래 외국인에게, 그것도 먼저 말을 거는 사람이 아니다. 그런데 농부는 아무런 대답을 하지 않았다. 못 들은 척 자기 하던 일을 계속했다. 발음이 시원치 않아서 못 알아들었나 싶어 다시 물어봤으나 반응은 마찬가지였다. 순간 다소 위축이 되면서 기분이 불쾌해졌다.

그런데 가만히 살펴보니 무시하는 게 아닌 듯했다. 농부의 표정은 미안하거나 당혹스러워하는 쪽에 가까웠다. 낯선 동양인 관광객 앞에서 낯을 가리는 듯했다. 독일 농부는 마지못해 겨우 한마디 독일어로 내뱉었으나 동문서답이었다. 그 농부는 영어를 전혀 할 줄 몰랐던 것이다.

나중에 연수단 가이드인 독일 교민에게 이야기를 하니 독일인이라고 영어를 다 잘하는 게 아니라는 것이다. 독일에서 영어는 필요한 사람만 배운다고 한다. 가령 농촌에서 농사를 짓는 농부들이 굳이 영어를 배울 필요는 없다는 것이다. 그것도 독일 아이들은 11살에 인문중학교(김나지움)에 진학하면 그때 처음 영어를 배우기 시작한다. 독일의 작은 마을 광장에서 열린 장터에서 깨달았다. 일하고 살아가는 데 쓸모없는 공부, 가령 돈과 권력과 허영심을 좇는 암기왕을 양산하는 시험 공부는 진짜 공부가 아니라는 사실이다.

독일의 광장은 주말마다 농민시장으로 변신한다

농민장터에서 볼 수 있는 농산물, 농식품은 대부분 그 지역에서 유기농으로 생산한 것이다. 독일은 1990년대부터 갖가지 정책을 펴면서 유기농 시장이 급성장했다. 물론 유기농산물이 값이 비싸지만 농민 생활과 환경보전을 생각하는 독일 국민들은 기꺼이 농민시장을 찾아와 지갑을 연다. 농업은 농민을 위한 게 아니라 국민과 국가를 위한 것이라는 사회적 공감과 합의가 뿌리 깊고 지평이 넓다.

독일의 도시는 광장이 있는 곳이면 어김없이 일종의 유기농 로컬푸드 직거래 시장인 '농민시장'이 열린다. 농민들은 직접 농사지은 채소, 허브, 꽃 같은 농산물과 직접 가공한 치즈, 햄, 소시지, 빵, 잼, 술을 들고 나와 지역 소비자와 관광객들을 만난다. 도농교류와 도농상생의 한마당이 펼쳐진다.

뮌헨시 한복판, 시청사 인근 빅투알리엔 시장(Viktualien Markt)도 농민시장이라 부르기에 부족함이 없다. 대도시 한복판이지만 얼핏 봐도 공산품보다는 농산물과 농식품이 주를 이룬다. 1158년부터 뮌헨의 중앙 광장 구실을 하던 시청 앞 마리엔 광장(Marienplatz)에서 열리던 농산물 시장이 커지면서 오늘날 빅투알리엔 시장으로 이전했다고 한다.

빅투알리엔 시장은 19세기 초부터 형성된 뮌헨 최대 야외시장이다. 우리로 치면 남대문시장이나 동대문시장 같은 유서 깊은 전통 시장인 셈이다. 물론 규모나 모양은 많이 다르다. 우리처럼 현대식 상가 구조가 아니라 여전히 야외 마당에 펼쳐진 시골 장터 같은 모습이다. 그래서 더욱 정감이 간다. 뮌헨의 대표 관광 명소로 자리 잡은 이유가 바로 그 때문이지 싶다.

뮌헨의 상징이자 중심인 마리엔 광장을 가로지르면 나오는 성 피터 교회 바로 옆이라 야외 시장 목도 좋다. 아마도 뮌헨에서 관광객을 포함한 유동인구가 가장 많은 길목일 것이다. '빅투알리엔'은 라틴어로 '음식'이라는 뜻에서 유래됐다고 한다. 19세기 초기에는 농작물을 비롯한 먹거리가 주를 이뤘지만 이제는 꽃, 양초, 인형 같은 전통 공예품, 관광 기념품을 비롯해 '없는 것 빼고 다 있는' 시장으로 발전했다.

싸고 맛좋은 시장 음식을 즐기는 옥토버 페스트

빅투알리엔 시장은 무엇보다 이름 그대로 '먹거리 시장'이다. 채소, 과일은 물론 치즈, 빵, 햄, 술, 차가 값싸고 다채롭게 펼쳐져 있다. 빅투알리엔 시장에서 판매되는 모든 제품은 엄격한 품질 검사를 거쳐서 들어오고 관리되기 때문에 믿고 살 수 있다. 특히 뮌헨 주변 농민들만 이곳에서 장사를 할 수 있으니 당연히 로컬 푸드만 거래된다.

특히 빅투알리엔 시장의 전통과 정체성을 지키는 상인들의 원칙과 규칙이 돋보인다. 7,000여 평 정도 규모에 140여 개 가판대에서 장사하는 상인 공동체 구성원들의 약속이라고 할 수 있다. 어떤 가게가 문을 닫으면 승계자는 이전 품목을 변경하면 안 된다고 한다. 이 시장의 상인이 되려면 취급하는 품목에 대한 해박한 전문 지식과 풍부한 경험은 물론 성실성과 책임감을 갖춰야 한다. 이렇게 몇 세대를 이어서 좌판과 점포를 책임지는 상인들이 시장 공동체를 이루고 있다.

관광 명소인 빅투알리엔 시장을 찾는 손님으로는 당연히 외국인 관광객들이 많다. 주로 독일 소시지와 맥주를 찾는다. 시장 곳곳에는 맥줏집(Biergarten)이 성업한다. 흙살림 친환경농업 연수단이 방문한 2016년 10월은 마침 시월축제, 옥토버페스트(Oktoberfest) 기간이었다. 1810년부터 뮌헨 서부 테레지엔비제에서 열리는 세계 최대 규모 민속 축제로 유명하다. 해마다 관광객 600만 명이 소시지 20만 개, 맥주 500만 리터를 먹고 마신다.

2016년 10월 뮌헨 마리엔 광장에도, 빅투알리엔 시장에도 세계 곳곳에서 옥토버페스트 축제를 즐기려는 다국적 주당들로 붐볐다. 밀로 만든 바이스(Weiss), 흑맥주 둥켈(Dunkel), 일반 맥주 헬레스(Helles), 소주와 도수가 비슷한 슈납스(Schnaps) 같은 다양한 맥주들이 인기를 끈다. 시장은 월요일부터 금요일까지는 10시부터 18시까지, 토요일에는 10시부터 15시까지 열린다. 일요일에는 농부들도 상인들도 모두 쉰다.

뉘른베르크의 크리스마스 시장

독일 도시마다 광장에서 열리는 시장은 색깔도, 테마도 다채롭다. 그 가운데 독일이 자랑하는 천재 화가 뒤러의 고향 뉘른베르크(Nürnberg)에는 세계에서 가장 유명한 크리스마스 시장(Hauptmarkt Nürnberg)이 열린다. 시장 옆에는 독일에서 가장 맛있는 소시지를 파는 식당 '브랏부어스트호이슬레(Bratwursthäusle)'가 있다. 맞은편 골목의 독일 전통 식당에서 먹는 독일식 돼지 족발 요리 학센(Haksen)도 별미다. 바이에른주에서 뮌헨 다음으로 큰 도시답다.

전범재판소로도 유명한 뉘른베르크는 현대와 중세가 조화된 독일 도시의 전형적인 전통과 풍광이 매력 있다. 지하철을 타려면 중세의 탑 속으로 들어가야 한다. 마치 중세 배경의 판타지 소설 속을 여행하는 기분이 든다. 이처럼 성벽, 탑, 교회가 신성로마제국시대 뒤 중세 모습을 여전히 간직하고 있다. 2차 세계 대전으로 도시 전체가 괴멸되다시피 한 피해를 입어 다시 복구한 모습이라는데, 그저 놀랍기만 하다.

크리스마스 시장은 뉘른베르크 한복판 중앙 광장에서 열

린다. 14세기 고딕 양식으로 지어진 프라우엔 교회 옆이다. 꼭 크리스마스 시즌이 아니어도 부활절 같은 특별한 기념일마다 시장이 열린다. 16세기에 처음 시작한 크리스마스 시장은 해마다 11월 말 즈음, 강림절의 첫 번째 금요일 오후 5시 30분 중앙 광장의 프라우엔 교회 발코니에서 크리스트킨트(Christkind)와 천사들이 나와 개막을 알린다. 크리스트킨트는 '그리스도의 아이'라는 뜻으로 금발 곱슬머리에 하얀 날개를 달고 황금빛 옷을 입은 푸른 눈의 여자아이를 말한다. 유럽 독일어권에서는 마치 산타클로스처럼 크리스트킨트가 크리스마스에 선물을 가져다준다고 믿는다. 해마다 크리스트킨트를 맡을 16~19세 소녀를 뽑는 경쟁이 치열하다고 한다. 이 소녀를 보려고 세계에서 200만 명 넘는 관광객이 몰린다.

평소에도 아침 일찍부터 뉘른베르크의 광장과 골목 이곳저곳에 크고 작은 농민장터가 열린다. 소시지 같은 맛있는 길거리 음식과 기념품들을 만날 수 있는 광장과 골목길 답사는 뉘른베르크를 찾는 관광객의 필수 코스다. 크리스마스 시장이 열리는 중앙 광장의 명물은 단연 19미터 높이 황금색 분수탑이다. '아름다운 분수'라는 뜻의 '쇠넨 브루넨(Schönen Brunnen)'으로 말하자면 르네상스 양식의 창살 울타리에 달린 금고리를 세 번 돌리면서 소원을 빌면 이뤄진다는 이야기가 전해진다. 물론 믿거나 말거나한 이야기지만 괜히 만져보게 된다.

한국의 광장에도 지역을 되살리는 '마을장터'를

지금 우리 농촌에는 상설시장이 거의 열리지 않는다. 지역 사회와 지역경제가 붕괴돼 그럴 만한 상권도 형성되지 않고, 구매력도 존재하지 않기 때문이다. 대신 읍, 면마다 5일장이 열린다. 그것도 작은 면에는 5일장의 전통조차 사라진 지 오래다. 지금 무주에서 5일장이 열리는 면은 안성, 설천, 무풍 세 곳뿐이다.

게다가 5일장이 열려도 보부상 같은 외지의 전문 상인들이 시장 주요 길목과 좌판을 점유하는 경우가 많다. 그 지역 농민이나 상인들은 들러리나 서는 모양이다. 5일장마저 지역 상인과 주민들의 삶에 크게 기여하지 못한다. 수입 농산물까지 취급하는 농협 하나로마트가 점점 전통시장 역할과 기능을 대체하고 있다.

전북의 문화관광형으로 지원받은 무주 반딧불 시장은 정기용 건축가의 무주 공공 건축 프로젝트로 조성된 명소다. 2013년부터는 무주시장 상인회와 문화관광형 시장육성사업단이 1일, 6일 정기장 말고도 토요일마다 야시장을 따로 열고 있다. 무주 특산물인 천마, 도라지, 더덕 같은 흰색 작물로 개발된 '화이트푸드'를 판매하는 무주군 특산물 장터가 있다. 무주시장 상인들이 참가하는 무주시장푸드, 아트페어, 무주청년장터, 다문화장터와 협동조합 북카페도 가볼 만하다. 지금도 전통 시장과 공동체 문화를 복원하려 애쓰고 있다.

전남 장흥 용산장에는 2013년부터 귀농인들이 모여 '마실장'을 따로 꾸리고 있다. 귀농인, 농민들이 직접 채취하거나 생산, 가공한 상품을 들고 나온다. 용산 오일장(1일과 6일)과 주말이 겹치는 날에 열린다. 물건을 팔아 돈을 벌겠다는 목적은 뒷전이다. 믿을 수 있는 먹거리와 공예품을 사고팔거나 물물교환을 한다. 때로 작은 공연도 하고 화덕, 직조 같은 생활에 요긴한 적정기술도 교류한다. 그렇게 서로 마음을 나누는 소통 공간으로서 장터가 가진 의미가 크다.

자유시장(Free Market)이든 벼룩시장(Flea Market)이든 지역 농민들이 만나고 어울릴 수 있는 마을 장터가 많아져야 한다. 마을과 지역이 살아나는 따뜻한 신호를 그곳에서 감지할 수 있기 때문이다.

위 왼쪽 뉘른베르크 프라우엔 교회 앞 농민장터
위 오른쪽 뮌헨 빅투알리엔 시장의 농민 직판장
아래 세계 관광객들로 가득 찬 뮌헨 빅투알리엔 시장

위 영화 〈사운드 오브 뮤직〉의 마지막 장면 촬영지 '파노라마 슈투라세'
아래 알프스 고산지대에서 넉 달 동안 자연 방목을 마치고 하산하는 소 떼

농촌과 농민의 미래를 지키는 마을 유산

영화 한 장면으로 먹고사는 알프스 마을

2016년 가을, 오스트리아 잘츠부르크에서 국경을 넘어 독일로 돌아가는 길은 순탄치 않았다. 알프스 산골 어디선가부터 차는 계속 밀렸다. 연수단 버스는 마치 명절날 귀성길처럼 가다 서다를 끊임없이 반복하며 거북이처럼 움직였다. 아무리 주말이라고 해도 한적한 알프스 산길에서 차가 밀리는 건 잘 이해되지 않았다. 교통사고나 국경수비대의 검문이 있었던 것도 아니었다.

독일의 버스 기사는 서두르기는커녕 천하태평이었다. 다른 차들도 마찬가지였다. 운전하는 이들은 모두 짜증을 내기는커녕 마치 이 상황을 즐기는 듯 유유자적했다. 나중에 도로가 정체된 이유를 파악하고 나자 실소를 감출 수 없었다.

바로 '소떼' 때문이다. 해마다 이맘때면 알프스 산골 마을에서 축제처럼 벌어지는 '소떼 하산식'이 마침 그날이었던 것이다. 운이 좋아야 볼 수 있을 법한 그 이채로운 축제를 구경하느라 차들이 느릿느릿 움직였던 것이다. 모두들 느긋하게 도로를 점거하고 마을로 귀환하는 소떼 행렬의 뒤를 따라가고 있었다.

이처럼 알프스와 주라 산맥 같은 고산지대는 5월에 산으로 올라가 여름을 지낸 소들이 가을이면 일제히 산에서 내려온다. 이때 소들은 화려한 꽃과 커다란 워낭으로 장식하고 목동들은 전통 의상으로 한껏 치장한다. 일종의 하산 행사다. 이들이 일제히 알프스를 내려와 마을로 복귀하는 모습이 장관이다.

어린 소, 젖을 짜지 않는 소들은 넉 달 동안 고산지대에서 자연 방목한다. 겨울이 긴 알프스 자락에서 풀이 자라는 시기는 고작 넉 달뿐이다. 5월부터 9월까지 마을 초지의 풀을 베어 겨울 양식인 건초를 준비한다 해도 늘 모자란 탓이다. 먹고살려고 시작한 이 고단한 목축 노동이 오늘날 '소떼 하산식'이라는 마을 축제로, 알프스 산촌의 무형문화유산으로 전승되고 있다.

농촌에는 공장도 없고, 도농복합지역도 없다

알프스 고산지대뿐 아니라 독일이나 오스트리아 농촌에

서는 농부도, 농가, 농지도 그저 자연의 일부일 뿐이다. 일단 농촌 지역에는 공장이 들어설 수 없다. 기껏해야 농가 안에서 가족농 규모로 농식품을 가공하거나 공예품을 제작하는 가내수공업에 필요한 시설 정도다. 온통 숲으로 둘러싸인 독일 파이퍼뮐(Pfeifermühl) 산골 마을에는 1453년부터 돌아가던 마을의 역사 자원인 물레방아 방앗간이 마을의 제분 공장 역할을 하고 있을 뿐이다.

그래서 독일에는 한국 농촌 어딜 가나 눈에 거슬리는 '농공단지'라는 을씨년스런 개념이나 정책 자체가 아예 없다. 공장은 오직 도시 지역에만 건설할 수 있다. 도시 지역이 끝나는 지점에는 어김없이 담처럼 울창한 숲으로 가로막힌다. 검푸른 숲이 끝나는 곳에는 바로 광활한 초지, 농지가 이어진다. 이렇게 도시와 농촌은 칼처럼 정확히 구획된다.

독일에서는 한국처럼 '도농복합지역'이라는 도시와 농촌이 혼재되는 정체불명, 가치 미상의 난개발 사례가 발생할 수 없다. 도농복합지역이란 말 그대로 도시와 농촌이 공존하고 교호하는 지역을 말한다. 도시와 농촌의 역할과 기능을 상호 보완하며 연계 개발해 조화를 이루도록 한다는 게 정책 목적이다. 한국은 1995년 행정구역상 '시'에 해당하는 도시 지역과 '군'에 해당하는 농촌 지역을 통합, 8개 도농복합 도시를 탄생시킨 바 있다.

당초 정책 취지가 전혀 이해되지 않는 것은 아니다. 재정과 인구가 도시로 집중되면서 생기는 사회 문제가 한계에 이르렀고, 반대로 지역 중소 도시와 농촌에서는 재정과 인구가 크게 줄어들고 지역 낙후 문제가 가속화됐다. 도시와 농촌 사이 소득 수준과 발전 속도에 심각한 불균형과 차이가 생겨났다. 한국은 도시와 농촌을 칼로 자르듯 구획해 분리하지 않는 도농복합지역을 설정했다. 도시의 경제, 문화 기능과 농촌의 생산, 환경 기능이 상호 보완되도록 연계해 개발하는 지역개발 전략을 구사하려고 했던 것이다.

농촌의 자연, 문화경관은 모든 국민이 즐길 권리

도농복합 정책은 정부의 당초 선의대로 실현되지 않았다. 모든 정책이 실제 현장에서 집행되는 과정에서 한계가 역시 드러났다. 자기 이득에 도움 되지 않는 정책은 많은 경우 교묘하게 피해가거나 악용하는 부작용과 편법 사례가 수반되기 마련이다. 일부 도농복합지역에서는 당초 정책 취지와 목적에 반해 도시성이 농촌성을 잠식하는 러바니제이션(Rurbanization, 농촌(Rural)과 도시(Urban)의 합성어로 도시와 농촌이 공존하는 공간 *편집자 주) 사례가 나타났다. 역도시화 난개발 같은 부작용을 피하지 못했다.

"자연과 농촌의 문화경관을 보존하며 다양한 동식물을 보호한다. 농촌의 자연과 문화경관은 모든 국민이 즐길 권리다. 국도변, 아름다운 호숫가에는 상점도, 간판도 들어설 수 없다." 이처럼 독일은 이미 60년 전부터 도농복합 도시화 난개발 가능성을 근본에서부터 차단해놓고 있다. 1954년부터 철저히 지키는 독일의 녹색 계획 네 번째 원칙으로 법제화했다. 한국 과 독일 농촌정책의 운명은 바로 그 시점부터 극명하게 갈리기 시작했다고 생각한다.

법과 정책을 불신하는 한국인들이라면 독일의 이 철칙이 실제 현장에서도 잘 지켜지고 있는지 의심이 들지 모른다. 그렇다면 오스트리아 잘츠부르크와 독일 남부 바이에른(Bayern)의 국경지대, 세 면이 오스트리아 영토로 둘러싸인 독일의 베르히테스가든(Berchtesgaden)에 한번 가보라.

가서 유리알같이 투명한 베르히테스가든 강줄기를 거슬러 깊은 계곡지대에 들어가 보자. 걷다가 그림보다 더 그림 같은 모습으로 계곡 깊숙이 자리한 람사우(Ramsau) 산골 마을에 문득 발길을 멈추라. 고개를 들어 눈 덮인 라이터(Reiter) 산맥을 한번 쳐다보라. 살아 숨 쉬는 대자연 앞에서 사람은 자연의 일부에 불과한 것을 겸손하게 체감할 수 있을 것이다.

그림보다 더 그림 같은 람사우 마을

람사우 마을은 1,800여 명이 살고 있는 알프스 자락의 산골 마을이다. 오스트리아 잘츠부르크에서 35킬로미터 떨어진 국경 도시 베르히테스가든의 쾨니히제(Königssee)에 속한다. 뮌헨에서 남동쪽으로 150킬로미터 떨어져 있다. 베르히테가든 국립공원 북쪽에 위치한 람사우 마을은 특히 독일에서 세 번째로 높은 와츠만(2,713미터) 산을 비롯해 석회암과 빙퇴석으로 이뤄진 고산준령, 유리알처럼 맑은 빙하호 힌터제(Hintersee) 호수 같은 수려한 자연 풍광으로 유명하다.

정작 람사우를 세계에서 유명하게 만든 마을 유산은 따로 있다. 1512년 세워진 람사우 교회다. 역사가 깊고 건축이 아름다워 충분히 마을 유산으로서 가치 있지만 이곳에 얽힌 노래와 그림 때문에 더욱 유명해졌다.

일단 람사우 교회에 얽힌 노래는 2011년 인류무형문화유산으로 지정됐다. 바로 〈고요한 밤, 거룩한 밤〉이다. 1818년 크리스마스 전야, 오베른도르프의 마을 교회에 있던 요제프 모어(Joseph Mohr) 목사가 바로 이 람사우 교회에 머무르면서 만든 노래다. 고요하고 거룩한 노래 가사가 마땅히 떠올랐을 법한 상서로운 창작 공간이다.

마을 개울가에는 200년 전 완성된 풍경화가 걸려 있다.

라이터 산맥 배경으로 람사우 교회를 그린 것이다. 지금 그 자리는 람사우 교회를 그리기 위해 세계 곳곳에서 화가들이 찾아오는 야외 스케치 명소다. 잘츠부르크 대학, 뮌헨 대학 미대생들은 이곳을 필수로 거쳐간다.

그런데 200년 전 그림 속 풍경과 지금 육안으로 보는 풍경에는 거의 차이가 없다. 긴 세월 동안에도 자연 경관은 전혀 훼손되지 않은 것이다. 아무렇게나 찍어도 사진은 작품이 된다. 얼마나 풍광이 아름다우면 직소 퍼즐(Jigsaw puzzle)의 원화로 쓰이겠는가.

'달의 호수' 마을은 〈사운드 오브 뮤직〉으로 먹고 산다

베르히테스가덴(Berchtesgaden)에는 세계에서 손꼽히는 마을 유산이 또 있다. 힌터제 호숫가 람사우 마을이 신이 내려준 천혜의 자연 유산을 자랑한다면, 몬드제 호숫가 몬드제 마을은 인간이 기획한 문화유산을 보전하고 드러낸다. 영화 〈사운드 오브 뮤직〉이 그 가운데 하나다. 영화에서 남녀 주인공인 폰 트랩 대령과 마리아의 결혼식 장면을 촬영한 미하엘 성당(Stiftskirche zum Hl. St. Michael)이 단연 마을의 중심이다. '몬드제(Mondsee)'라는 마을 이름 자체가 '달의 호수'라는 뜻이니, 얼마나 낭만 있고 신비로운가. 결혼식 장면을 찍기에 최적인 장소였을 것이다.

이 마을을 찾는 관광객들은 대개 〈사운드 오브 뮤직〉의 추억을 사러 오는 것이다. 미하엘 광장을 거닐다 미하엘 성당에 들어가 잠시 기도를 드리고, 성당 옆 슐로스 몬트제(Schloss Mondsee) 호텔에서 오스트리아 전통 음식을 먹는 코스를 즐긴다. 몬드제 '달의 호수'의 차가운 빙하 녹은 물에 발을 담그기도 한다. 그렇게 잠시나마 영화 속 주인공 연기에 함께하는 느낌을 갖는다.

나는 광장 모퉁이 작은 가게에 유독 눈이 갔다. 바로 몬드제 농민 직판장(Mondseer bauernladen)이다. 행정에서 농민들에게 무상으로 빌려준 점포에 농민들이 농산물, 공예품을 소박하게 차려놓은 작은 로컬 푸드 직판장이다. 〈사운드 오브 뮤직〉의 추억과 감동을 나누고자 몬드제 마을을 찾는 세계 곳곳의 관광객들이 주 고객이다.

트랩 가족은 알프스를 넘어가지 않았지만

거의 모든 영화가 그렇지만 〈사운드 오브 뮤직〉도 마지막 장면이 인상 깊다. 나치 폭정을 피해 트랩 가족이 알프스를 넘어 자유를 찾아 스위스로 망명하는 장면이다. 그 마지막 장면을 촬영한 알프스 산맥의 고개 하나가 세계 관광 명소가 됐다. 로스펠트 파노라마 슈투라쎄(Rossfeld Panorama Strasse)로 불린다. 돈을 내고 올라가야 하지만 관광객들이 끊이지 않는다.

역시 영화와 현실은 다르다. 사실 트랩 가족은 알프스를 넘어가지 않았다고 한다. 실제로는 기차를 타고 스위스로 망명했다. 직접 고개를 가서 살펴보니 고개 너머는 너무 가파른 천길 낭떠러지인데다가 눈으로 덮여서 도저히 걸어서 넘어갈 수 없는 지형이었다. 영화는 영화일 뿐이다. 그래도 사람들은 자신만의 영화에 대한 기억으로 이곳을 찾는다.

뮤지컬 영화 〈사운드 오브 뮤직〉은 1939년 독일과 합병되기 바로 전 오스트리아가 배경이다. 세계 2차 대전 발발을 앞둔 때다. 1965년 개봉해 영화 〈바람과 함께 사라지다〉가 26년 동안 지키던 역대 흥행 1위 기록을 깼다. 영화의 주요 장면을 촬영한 몬드제 마을, 알프스 고개뿐 아니라 '모차르트의 고향'으로 불리던 잘츠부르크는 이제 모차르트와 더불어 〈사운드 오브 뮤직〉의 촬영지로 유명해졌다. 〈사운드 오브 뮤직〉 여행 상품이 있을 정도다.

무엇보다 영화 속 히로인 마리아와 일곱 남매가 부르던 '도레미 송'과 더불어 대표 삽입곡인 '에델바이스' 사연은 뭉클하다. 실제로 2차 세계 대전에서 독일의 침공에 저항하는 의미로 오스트리아인들이 많이 부른 민요를 편곡한 것이라고 한다. 이 노래들이 〈사운드 오브 뮤직〉에 등장하면서 세계 곳곳으로 퍼져나갔다. 영화는 세계인 모두가 사랑하고 추억하는 세계문화유산이 됐다. 오늘날 오스트리아 관광 수익 40퍼센트를 〈사운드 오브 뮤직〉이라는 영화 한 편이 벌어준다.

람사우 산골 마을 전경. 독일은 법제화를 통해 농촌의 난개발을 막고, 문화와 경관을 보존한다.

〈사운드 오브 뮤직〉의 결혼식을 촬영했던 몬드제 교회

위 200년 시간이 흘러도 변함없는 람사우 교회
아래 1453년부터 돌아가던 파이퍼뮐 마을의 역사 자원인 물레방아

위 니더탄너 가족농
아래 카이센호프 가족농가

농민이 주권자로 자치하는 농업정책

사회와 국민이 함께 지키는 '사회적 농부'

독일을 비롯한 유럽연합의 선진농정을 지탱하는 합리적이고 효과 있는 정책은 앞서 살펴보았듯 직불금, 가족농, 협동조합, 농업학교 그리고 농업회의소일 것이다. 유럽연합 농부들은 농가 소득을 정부로부터 보전 받는다. 국민이 농민의 공익성을 인정하고 사회적으로 기꺼이 합의했다. 농가 소득의 절반 넘는 금액이 직불금으로 지급된다. 부모와 자식 2대 이상으로 이뤄진 가족농이 큰 돈을 벌진 못해도 얼마든지 자급하고 자립한다.

무엇보다 가족농들은 자기만의 수익성이나 상업성만 좇으며 경쟁하지 않는다. 농업학교를 졸업한 정예 농민들은 생산자조합(Gemeinschaft), 농업협동조합(Genossenschaft)을 이뤄 조화롭게 협동하고 연대한다. 또 지역사회가 농업회의소를 통해 지역 농정을 사실상 자조,

자치하며 세계무역기구(WTO), 곡물 메이저 기업이 지배하는 세계 농업 질서에도 공고하고 지혜롭게 맞선다. 2014년 봄과 2016년 가을, 농부의 나라인 독일과 오스트리아의 농촌 공동체와 친환경 농가를 20여 일 동안 둘러본 소감이자 깨달음이다.

그런데 농정을 집행하는 법과 정책만 보면 한국도 독일에 비해 크게 모자라지 않은 듯 보인다. '농어업인 삶의 질 향상과 농어촌 지역 개발 촉진에 관한 특별법' 하나만 봐도 그렇다. "농어업인 등의 복지 증진, 농어촌의 교육 여건 개선과 농어촌의 종합적·체계적인 개발 촉진에 필요한 사항을 규정함으로써 농어업인 등의 삶의 질을 향상시키고 지역 간 균형 발전을 도모한다." 법의 목적부터 다분히 합리적이고 이상적이다.

법의 기본 이념은 더 훌륭하다. "농어촌과 도시 지역 간에 생활 격차를 해소하고, 교류를 활성화함으로써 농어촌 주민이 도시 지역 주민과 균등한 생활을 할 수 있도록 하고, 농어촌이 지속 발전을 이루기 위한 기틀을 마련하는 것"이다. 법 조항이나 문구로만 보면 흠잡을 데가 잘 보이지 않는다.

독일 농부와 한국 농부의 현실

이처럼 한국과 독일의 농정 정책 방향과 철학은 겉으로는 크게 다르지 않아 보인다. 하지만 농정 현실은 한국과 독일의 지리적 거리만큼이나 너무 다르고 멀어 보인다. 우선 농사를 짓는 한국 농부들 삶은 고되고 힘겹다. 비록 독일 농부들도 농사일이 고된 건 마찬가지지만 그들의 삶은 안정되어 있다. 농사로 좀처럼 먹고살기 어려운 한국 농부들은 농사일에 자부심이나 자신감을 가지기 어렵다.

무엇보다 한국 농부들은 독일 농부들처럼 농사를 자식에게 굳이 물려주려 하지 않는다. 도시의 자본주의 노예 신세로 전락할지언정 생업의 전쟁터로 내몬다. 농부로서 일생은 결코 자랑스럽지도 않고, 행복하지도 않다는 게 이유다. 대체 왜 한국의 농부와 독일의 사회적 농부의 마음가짐과 생활환경은 이토록 다른가. 그 의문과 숙제를 풀기 위해 독일의 농정을 자세히 들여다볼 필요가 있다.

'농부의 나라' 독일의 네 가지 농정 기본 목표는 '농촌 지역 삶의 질 개선, 국민에게 고품질 농산물 식료품을 적절한 값에 공급, 자연적 생활 기반 확보와 개선, 농업 관련 대외무역 관계 개선과 세계 식량 상황 개선'이다. 1990년대 뒤로는 영농 활동과 병행하는 추가 소득원 개발, 농업의 다원적 기능 강조, 식품의 안전성 강조라는 과제를 추가해 애쓰고 있다.

이러한 독일 농정의 뼈대와 바탕은 유럽연합의 농업 개

혁(Agenda 2000)에 영향을 받은 것이다. 1999년, 유럽연합 이사회는 2000년부터 2006년까지 7년간 시행할 농업 개혁안(Agenda 2000)을 합의한다. 유럽연합 공동농업정책을 기존 농업 중심 정책에서 농촌개발, 환경보전에 대해서도 고려한 통합 정책으로 전환했다. 이에 따라 농업 생산이라는 한 축 말고도 또 한축인 농촌개발을 새로 도입했다. 지지가격 수준의 인하와 직접 지불에 의한 부분 보상, 유럽연합 공동농업정책, 농업의 다원 기능 접근 방식에 의한 농촌개발, 정책 시행에 있어 회원국의 재량권 확대를 주요 원칙으로 삼았다.

무엇보다 '직접 지불' 원칙을 강화한 게 눈에 띈다. 우선 경종 분야는 직접 지불에 의한 보상을 1톤에 54.34유로에서 63유로로 인상했다. 또 쇠고기나 우유의 지지가격을 점차 인하하는 대신 직접 지불로 보상하기로 했다. 특히 직접 지불로 배정된 유럽연합 예산 가운데 20퍼센트까지 회원국의 재량에 따라 농촌개발 사업 분야로 전용할 수 있게 했다.

1956년 녹색 계획에서 아젠다 2000까지

유럽연합의 농업 개혁안 아젠다(Agenda) 2000이 타결되면서 독일 농부들에게 많은 혜택이 주어졌다. 유럽연합 공동농업정책에 따른 독일의 농업 지원 규모가 독일 연방 정부의 지원 규모보다 더 커졌다. 우선 개별 경영체에 대한 농업 투자 지원 프로그램(AFP)에서 주업농과 부업농이 동등한 대우를 받게 됐다. 양돈 농가도 지원 대상에 포함되고 자본과 노동을 적게 들이는 소농들의 조방적 경영과 친환경적 영농 지원도 강화됐다. 가공 유통시설 확충, 농촌 공간 기능 회복, 농촌 일자리 창출도 강조되는 중요한 전기가 마련됐다.

특히 농업 투자 지원 정책의 변화가 두드러졌다. 독일은 패전 뒤 주로 유럽 재부흥 프로그램(ERP)에 따라 1955년 농업 기본법 제정, 1956년 '녹색 계획' 수립으로 농업 투자 재원을 확보했다. 주로 농업렌텐방크(Landwirtschaftliche Rentenbank)가 농업 투융자 창구 역할을 맡았다. 1973년부터는 농업 지원 업무가 연방 정부에서 주 정부로 이관되면서 지역마다 실정에 맞는 혁신에 바탕을 둔 유연한 투자 정책을 펼 수 있었다.

독일 농정의 철학과 원칙은 주관부처의 이름에서도 잘 나타나 있다. 농림부가 아니라 '식량농림부(Ministry für Ernährung, Landwirtschft, Forsten)'다. 농부만을 위한 농정이 아닌 온 국민의 먹거리, 식량 주권을 책임지려는 '국민농정'의 깊은 의미와 비장한 결의가 느껴진다.

하지만 독일에서도 농업은 어쩔 수 없이 사양 산업이다.

시대의 흐름을 정부가 거스를 수는 없는 것이다. 농가 호수와 농가 인구도 꾸준히 감소하고 있다. 농부는 온 국민의 2퍼센트 남짓 남았다. 농업에 임업, 수산업을 다 합쳐도 독일 총 생산액 가운데 1퍼센트가 채 되지 않는다.

그럼에도 독일 정부는 농업을 포기하지 않는다. 대농이나 기업농만 챙기지 않고 가족농과 소농도 다 포용하는 정책을 편다. 농부를 육성하는 농업교육을 유난히 강조한다. 이른바 녹색 직업(Die Grünen Berufe)으로서 농부는 단순한 직업이 아닌 미래가 보장된 평생 직장으로 대접받는다. 중학교 과정부터 수만 명 독일 청소년과 청년들이 농부가 되기 위해 농업학교에서 농사 공부를 시작한다.

독일 농부의 농지는 한국 농부의 40배

독일 국토 면적은 3,500만 헥타르에 달한다. 한반도의 1.6배 규모다. 한국과 반대로 평지가 70퍼센트 정도다. 농지는 국토 면적의 약 48퍼센트인 1,700만 헥타르 수준이다. 한국의 농지 면적 169만 헥타르의 10배 수준이다. 농가당 농지 면적도 한국의 40배가 넘는다. 한국은 1.5헥타르에 불과한데 독일은 50헥타르에 달한다. 더욱이 농가들이 계속 감소하면서 농가당 농사짓는 면적도 늘어나는 추세다. 이같은 농가 감소-평균 농지의 증가 현상은 독일뿐 아니라 유럽연합 국가 전체에서 볼 수 있는 현상이다.

전체 약 30만 농가 가운데 가족농은 94퍼센트에 달한다. 가족농 가운데 소농 수준인 55퍼센트 정도는 농업 관련 사업자, 또는 비전문 농가다. 나머지는 평균 50~60헥타르 규모 농사를 짓는 전문 농업인으로 등록돼 있다.

독일 농업의 뼈대와 바탕을 이루는 가족농을 유지하는 비결은 농지 상속 원칙에서 찾아볼 수 있다. 독일 농가에서는 자녀 가운데 맏아들이 농지를 단독으로 상속받는 게 원칙이다. 농지를 자녀들끼리 분할하지 않는다. 가족농으로 자생할 수 있도록 적정한 농업 경영 규모를 유지시키려는 목적이다.

농지 상속 원칙에서 보듯 독일의 농가에서는 부모가 자녀에게 농사를 가업으로 승계하는 일이 자연스럽다. 농업전문대학은 농사 마이스터가 되려는 20대 후계농 청년들이 끊이지 않고 찾는다. 농사 기술과 사업 경쟁력을 겸비한 전문 농업인이 돼야 생존할 수 있기 때문이다.

유기농과 농촌 휴양으로 국토를 지키는 정원사

무엇보다 독일 농부들은 유기농과 친환경 농사를 고집한다. 유기농 기준도 까다롭다. 독일 정부에서 정하는 기준과 유럽연합에서 정하는 기준을 모두 충족해야 한다. 유럽연합 나라에서 수입하는 농산물은 다소 기준이 낮다. 독일 소비자들은 기준이 더 까다로운 독일 농가의 농산물을 선호한다.

철저한 유기농 기준 덕분에 유럽에서 광우병 피해가 가장 적은 곳이 독일이었다. 소, 돼지 같은 가축에게 축사 안에서 사료를 먹이는 대신 자연 방목하며 초지의 풀만 먹이며 사육했기 때문이라는 분석이다. 더욱이 1헥타르마다 1마리 꼴로 자연 방목하는 소는 농지와 국토를 친환경, 생태를 우선으로 고려해 관리하고 보전하는 역할까지 맡고 있다.

그렇게 자연 환경이 보전된 농촌을 도시민들은 휴가지, 휴양지로 삼는다. 국민들은 독일 농부를 '국토의 정원사', '국민의 별장지기'로 부르며 고맙게 여긴다. 대농, 기업농이 주도하는 농업 질서를 따라가지 못하는 소농, 가족농들은 농가와 농지를 이용해 농가 민박을 하거나 농장 체험을 한다. 천혜의 자연 환경, 농촌 경관, 전통 문화가 농외 소득 수입원을 창출하는 밑천이다. 정리정돈이 잘 된 청결한 농가 환경이 경쟁력을 보장한다.

독일의 도시민들은 여름방학, 봄방학, 가을방학을 이용해 자녀들을 데리고 농촌을 찾는다. 보통 유흥이나 관광이 목적이 아니라 휴양과 치유가 목적이다. 아이들은 강, 호수, 숲, 산, 들판에서 마음껏 뛰어놀고, 어른들은 가축들을 기르는 농가에서 치즈, 햄, 소시지 육가공 체험을 하기도 한다.

유기농 농사를 하든, 농가 민박 사업을 하든 독일의 농가들은 정부 지원을 받지 않는다. 유럽연합과 독일 정부의 여러 농업 보조금 지원 프로그램은 있으나 실제 지원받기는 쉽지 않다. 꾸준히 제출해야 하는 갖가지 서류, 증빙자료도 만만치 않고 평가나 검사도 녹록치 않은 것이다. 차라리 속 편하게 정부 지원을 받지 않는 곳이 많다고 한다. 2차 가공이나 유통부터는 농업으로 보지 않고 사업으로 간주해 농업 보조 대상이 아니다.

국민의 세금을 직접 지불받는 공익농부

유럽연합은 유기농, 윤리적 축산, 생태 관광 같은 유럽연합 공동농업정책(CAP)를 집행하기 위해 2010년 기준 유럽연합 전체 예산 가운데 46.5퍼센트인 571억 유로를 농정 분야에 투입했다. 놀라운 것은 농정 예산 76.5퍼센트인 437억 유로를 농가 직불금으로 지원했다는 사실이다. 유럽연합은 2003년 공동농업정책(CAP, Common Agricultural Policy) 개혁을 계기로 직불금 예산은 전체 농정 예산의 70퍼센트대 수준을 유지하고 있다.

유럽연합의 직불금 지원 예산을 통해 독일은 당시 약 19만 농가에게 농가마다 한 해 평균 1만 6,900유로를 지급됐다. 총예산은 3억 유로에 달한다. 전체 농가의 1.5퍼센트 되는 대농 5,690곳에는 평균 28만 3,105유로를 지원했다. 총 16억 1,200만 유로의 금액이다. 기본적으로 1헥타르마다 340유로를 지원받았다.

중요한 것은 직불금 예산이나 지원 규모 같은 양적 성과가 아니다. 직불금을 지원하는 이유이자 철학이다. 독일의 농업 직불금은 '문화경관(Kulturlandschaft) 직불금'으로 불린다. "기후변화와 토양 침식과 오염을 방지하고, 생태계 다양성을 유지하며, 문화경관을 보전하고, 윤리적 사육을 실천하는 농가를 지원한다"는 취지이자 원칙이다. 환경보전 직불금(The Green Direct Payment)을 강조해 국가별 직불금 예산의 30퍼센트를 추가 지급할 수 있다. 재원은 유럽연합 50퍼센트, 독일 정부 30퍼센트, 주 정부 20퍼센트로 분담한다.

특히 2003년 공동농업정책 개혁으로 이전에 농산물 생산 실적에 연동해 보조금을 지급하는 품목별 직불 방식에서 생산 규모와 연계되지 않는 '생산 중립적 단일 직불제(Single Payment Scheme, SPS)'로 전환했다. 이는 농업 경영주에게 예측 가능한 안정된 소득을 보장하는 데 최우선 목표를 둔 것이다. 자신의 생산 능력, 규모와 무관하게 소득을 보장받아 시장의 수요에 연동해 농산물 생산을 자가 조절할 수 있도록 하려는 것이다.

또 개혁된 직불제는 기본 직불(SPS)과 환경이나 조건이 불리한 상황을 고려한 가산 직불을 병행한다. 기본 직불은 가격지지 철폐에 따른 농민 소득 감소분을 보전하기 위해 유럽연합 재원으로 지불한다. 가산 직불은 유럽연합 공동농업정책의 농촌개발 정책과 각 나라, 지방정부 재량에 따라 시행한다. 특히 환경 직불은 농민들의 상호 준수 요건을 넘어서는 수준의 환경보전 활동으로 공공재를 생산하는 소요 비용과 그에 따른 소득 감소분을 국가가 보상해준다는 취지다. 또 조건 불리지역 지불은 산악, 고위도, 경사 지역 같은 제한이 있는 경우 추가로 지불한다.

청년 농업인과 소농은 상대적으로 우대한다. 2014년 '젊은 농업인 직불금(YFS, Young Farmers Scheme)' 지원제도를 신설해 40세 아래 신규 농업 종사자에게 최대 5년 동안 기본 직불금 가운데 25퍼센트를 추가로 지불하고 있다. 최대 7만 유로까지는 일시불로 지급할 수 있다. '젊은 농업인 직불금'의 연간 예산 규모는 8억 5,600만 유로(약 1조 3천억 원) 규모에 달한다. 젊은 농업인에게는 직불금 외에도 공유지 임대, 농업 시설물 설비 보조금 10퍼센트도 따로 지원된다. 소농 지불은 소농이라면 경지 규모에 무관하게 정액 지불한다. 지급 대상자 평균 수급액 또는 1헥타르당 평균 지급액의 3배 수준에 달한다.

한국의 직불금 제도는 10여 종류에 달한다. 제도마다 목적, 예산, 법률, 지침, 운영 기준이 다르고 체계도 복잡하다. 효율이 떨어지고 비합리적이다. 유럽연합처럼 농업 농촌이라는 공공재에 대해 공익과 다원적 기능을 보상한다는 철학과 원칙을 바탕으로 실효성 있게 정비할 필요가 있다.

농민회, 농업회의소, 농업협동조합으로 연대하는 사회적 농부들

독일의 사회적 농부들은 혼자 고립되지 않는다. 혼자만 잘 먹고 잘 살겠다고 욕심을 부리지 않는다. 농민단체는 독일의 노동조합만큼 조직돼 있고 강력하다. 한국농촌경제연구원의 조사 자료에 따르면 독일의 농업 생산자 단체로는 독일농민총연맹(DBV, Deutscher Bauernverband), 농업회의소(Landwirtschaftskammer), 농업협동조합(Genossenschaft)이 있다.

독일농민총연맹(DBV)은 연방 단위 농민 단체로서 노동조합과 비슷한 성격과 위상을 지닌다. 자영농과 임차농은 물론 농업 노동자, 농업 기업가와 거대 지주도 회원이 될 수 있다. 조직 형태는 선거 제도부터 대농에 유리하도록 위계 중심적이고 비민주적인 탓에 소농, 가족농들은 참여하기 어렵다는 비판을 받고 있다. 정치 성향도 보수 정당에 기울어 있다는 평가다. 그래서 그런지 유럽의 농민당은 보수 성향이 있다.

독일의 지역 농정은 농업청(Landwirtschaftsamt)과 농업회의소(Landwirtschaftskammer), 관리 주체인 16개 연방의 주 정부 산하 행정기관인 농업청을 통해 직접 농정을 수행하거나, 민간기구인 농업회의소에 농정 업무를 위임해 간접 관리하는 두 가지 형태를 선택 운영하고 있다. 특히 유럽에서 농업회의소를 운영하는 국가는 독일 말고도 오스트리아, 프랑스가 있으나 농정 업무를 위임받아 대행하는 곳은 독일이 유일하다.

독일의 농업회의소는 농업 경영자와 농업 노동자를 회원으로 한다. 산업 부문의 상공회의소와 유사한 형태다. 다만 상공회의소와는 달리 주 정부(주 의회)에 의해 설치 근거법안이 제정된 민간 협치 형태의 기구로 연방 조직이나 기구는 존재하지 않는다. 독일 최초의 농업회의소는 1894년 프로이센에 설립됐다. 현재 독일에서 농업회의소가 조직돼 있는 곳은 바이에른주 같은 옛 서독 지역 4개 주 정도다.

농업회의소 재정은 주 정부 지원과 자체 수입으로 충당되는데 자체 수입은 농업경영체에 대한 과세권에서 발생한다. 주 정부의 재정 지원에 의존하기 때문에 예산 집행에 관해 주 정부에서 감사와 통제를 받는다. 사업의 기획과 의사

결정은 거의 농업회의소 본부 중심으로 이뤄지고 군 지소는 군 단위 집행 사업소 역할을 수행한다.

농업회의소의 주요 업무는 농산물의 수익성 제고와 환경 친화적 개선, 직업 교육 실시, 농업경영, 생산 기술 및 유통 문제에 대한 상담·지도, 시장 상황 정보 제공, 환경 보호 문제와 농촌 공간 정비 문제 참여, 농림업 문제에 대한 행정기관 업무 지원 따위가 있다.

국민·공익·지역·협동의 4대 농정 패러다임 전환을

'농부의 나라' 독일 농부처럼 한국 농부도 자랑스럽고 행복하게 살려면 어떻게 해야 하나. 법이나 제도, 정책를 고치는 노력만으로는 근본 문제가 해결되지 않는다는 확신이 선다. 농정의 틀부터, 패러다임부터 크게 손봐야 한다. 이름하여 '국민농정', '공익농정', '지역농정', '협동농정' 4대 농정 전환 패러다임으로 혁신하자고 주장하는 것이다.

우선 농민만을 염두에 둔 농정이 아니라 국민 모두가 참여하는 '국민농정'이라야 한다. 인구수로 보나 생산 규모로 보나 공히 5퍼센트도 채 안 되는 생산자 농민들끼리는 역부족이다. 나머지 95퍼센트인 소비자 국민들이 함께 농정의 주체로 나설 때 가능한 일이다. 한국 농부들이 국민의 생명을 위하는 농심으로 농사를 지으면, 국민은 농민의 생활을 걱정하는 마음으로 서로를 보살펴야 한다.

애초에 농업은 국가기간산업이라야 한다. 국민의 생존권과 국가의 식량 주권을 지키는 최후 보루가 농산업이다. '공익농정'으로 농업은 국가기간산업 대접을 받아야 하고 농업에 복무하는 농부들은 공무원 대우를 받아야 한다. 사람은 먹지 않으면 죽는다. 먹거리를 생산해 국민의 목숨을 책임지고 있는 농부의 존귀함, 농업의 중요성은 말할 필요가 없다.

지금 한국은 G2 미국과 중국 사이에 낀 박쥐 신세다. 여기에 일본과 러시아도 호시탐탐 빈틈을 노리고 있다. 마치 구한말을 연상케 한다.

이 같은 세계열강과 초국적 자본과 자유무역 전쟁에서 한국 농업은 승산이 희박하다. 살벌한 국제 정세 속에서 주권국가지만 국가 단위, 중앙 정부 차원에서 스스로 할 수 있는 일이 많지 않은 듯하다. 농산물가격안정기금 조례, 지역순환농업네트워크처럼 지역 단위, 마을 단위에서 지역농정 차원으로 지역공동체의 힘으로 할 수 있는 일부터 찾아보자.

그리고 '협동농정'이라야 한다. 독불장군 농사는 불가능하다. 혼자 잘 살면 아무 재미도 없다. 그래서 협동농정을 하려면 농부마다 '사회적 농민'이 돼야 한다. 소농, 가족농이 모여 협동조합을 만들자. 농부 말고도 교사, 예술인, 기술자,

기업가들이 한데 어우러져 농장이 아닌 마을을 만들어야 한다. 사회적 농민들이 모여 생태적 농촌을 일구고, 독일과 유럽연합처럼 모두가 조금씩 농부인 '농부의 나라'를 함께 세우는 것이 길이다.

농부의 삶과 농촌공동체와 환경을 지키는데 중심을 둔 독일 바이에른주의 켐텐시 전 농업국장 조제프 히머(Joseph Hiemer) 박사(오른쪽)

독일의 농부들은 종자부터 유기농으로 파종한다

독일과 유럽연합 기준을 충족하는 유기농 친환경 농산물만 취급하는 글로버스 시장

부록

먹을거리 정의와
사회적 농부

2019년말 유럽연합(EU)은 '유럽 그린딜(European Green Deal)'에서 2050년까지 기후중립국을 달성한다는 목표를 제시했다. 2020년에는 농업 분야의 기후와 환경을 다루는 '생물다양성 전략(EU Biodiversity Strategy for 2030)'과 '농장에서 식탁까지 전략(Farm to Fork Strategy)'을 연달아 발표했다. 이 전략들은 2021~2027년 공동농업정책(Common Agricultural Policy)에서 유럽의회와 유럽연합 이사회가 정한 기후와 환경성 강화방침과도 일맥상통한다.

'유럽 그린딜'은 유럽연합의 핵심 미래전략이라 할 수 있다. 정치, 경제, 사회 구조는 물론 농업 분야에서도 많은 변혁이 일어날 것이다. 오늘날 세계가 기후와 환경 문제를 주목하는 탓에 농업 분야는 더욱 건강하고 안전한 먹을거리를 생산하고, 국민과 인류 건강과 환경에 기여해야하는 시대과제를 떠맡게 됐다.

그런데 최근 유럽의회와 환경단체들은 유럽의 안정된 식량 생산을 핵심목표로 1962년에 탄생한 공동농업정책(CAP)이 기후변화에 적절히 대응하지 못한다며 비판하고 있다. 특히 농업인들이 환경과 기후 보전에 기여하는 농업 실천의무를 준수하면 기초 직접지불금에 추가되는 '녹색직불금'이 온실가스 감축과 직접 관련성이 낮다고 지적한다.

이에 유럽연합 집행위는 2018년 6월 다음 공동농업정책

개혁안 목표 9개 가운데 3개 항목을 기후변화 대응, 환경보호, 경관 보존 같은 기후와 환경 관련 조항으로 명시했다. 다음 공동농업정책 예산 40퍼센트를 이들 3개 목표를 위해 쓰기로 결의한 것이다. 따라서 유럽 농민들은 유럽연합 직불금제도 규정이 정한 건강, 동식물 위생, 동물복지와 관련된 우수농업환경조건(GAECs) 같은 갖가지 기준은 물론 환경과 기후 요건들을 반드시 지켜야 한다.

특히 온실가스 감축과 관련이 적고 의무사항 이행 여부를 점검하는 행정비용이 과다하다는 비판을 받는 기존 녹색직불금을 폐지하고, 농민들 스스로 실천하는 환경보전활동을 보상하는 '생태직불금'을 신설한 것이 눈에 띈다. 즉 소득 보장 성격이 강한 기존 직불제에서 환경보전과 기후변화 대응에 참여한 정도에 따라 차등 보상방식으로 전환하는 것이다.

개혁안은 '진짜 농민(genuine farmers)' 개념도 새로 제시했다. 무자격 직불금 수혜자를 방지하려 2013년에 도입한 '적극적인 농민(active farmers)' 개념을 강화해 농민의 소득과 노동 조건을 따져 '진짜 농민' 여부를 가린다는 것이다.

농장에서 식탁까지

'농장에서 식탁까지 전략'은 식품 공급체계를 친환경으로 전환하는 종합계획이다. 식품의 지속 가능한 생산과 가공, 유통, 소비와 손실 예방, 식품 안전성 확보 같은 주제를 주요 목표로 삼고 있다. 더 들여다보면 2030년까지 농약 사용량 50퍼센트, 비료 사용량 최소 20퍼센트, 토양의 영양 손실률 최소 50퍼센트를 줄인다. 축산물과 양식 수산물 관련 항생제 판매량도 50퍼센트 감축한다. 농약 사용을 줄이기 위해 병해충종합관리(IPM) 조항을 강화하고 비료 과다사용으로 토양과 수질 오염이 일어나지 않도록 영양종합관리(INM) 실행계획도 마련한다. 유기농업 농경지는 25퍼센트까지 확대한다. '생물다양성 전략'은 자연, 농지, 토양, 산림, 재생에너지, 해양과 담수 생태계, 도시, 침투 외래종을 아우르는 유럽의 생물다양성을 2030년까지 본격 회복시킨다는 목표를 세웠다.

이처럼 유럽 그린딜의 핵심 전략과 정책인 '공동농업정책 개혁안', '농장에서 식탁까지 전략', '생물다양성 전략'은 서로 밀접하게 연관되고 연동되는 포스트 코로나 융복합 농정 혁신전략이라 볼 수 있다. 식량 생산과정에서 농약과 비료의 사용을 줄이면 자연과 생물다양성이 보전되면서 지속 가능한 식품 공급체계도 이룰 수 있으리라는 기대를 주고 있다.

이처럼 유럽연합이 농업 분야에서 환경성을 강화하려는 정책 목적은 분명해 보인다. 포스트 코로나 시대를 대비해 기후변화 목표를 달성하고, 생물다양성 협약을 이행해 국제

사회를 선도하고, 농식품 관련 세계 무역 질서를 주도하려는 강한 의지의 표현이 아니겠는가. 따라서 그린뉴딜을 추진하고 있는 한국 정부는 물론 현장 농부들조차 최근 유럽연합 농정 변화와 전망을 주목할 필요가 있다.

무엇보다 2023년부터 본격 적용될 '2021년 유럽연합 공동농업정책(CAP) 개혁안'은 한국 농정에도 다양한 시사점과 혁신 방안을 제안한다. 한국농촌경제연구원에서도 기후와 환경 변화의 위협에 대응하려는 위험관리 방안을 강조하는 정책을 속속 제시하고 있다. 무엇보다 그린뉴딜, 저탄소 농업으로 농업 생산구조와 방식의 패러다임 전환을 강조한다. 2050년 탄소중립 정책이 시행되면 농업부문도 온실가스 감축에서 예외가 아니기 때문이다.

포스트 코로나 시대의 먹을거리 정책은 삶의 질 유지, 안정된 식량 공급, 식량 안보 강화에 초점을 맞춰야 한다. 지역 먹을거리가 선순환하는 지속가능한 체계를 만들어 '국가식량계획'의 진정성과 완성도를 높여야 한다. 그러려면 선택형 공익직불제와 연계하고 온실가스 배출량을 줄여서 '좋은 식량과 식품'을 생산하는 '진짜 생태적이고 사회적인 농부'들의 '진짜 농사'에 마땅한 대가를 직불금으로 보상해야 한다.

유럽은 코로나로 기후와 환경 위협 시대에 맞서는 '연대의 공동체'를 강화하고 있다. 기후와 환경, 생물다양성 문제에 보다 실제 상황에 걸맞은 방식으로 접근하려고 한다. 이는 국가 차원은 물론이고 국제 관계 속에서 풀어야 하는 사회적 약속이기 때문이다. 그 중심에, 그 선두에 '생태적이고 사회적인 농업'의 주인공이자 주인인 '진짜 사회적 농부'가 있다. 도시와 농촌, 중앙과 지역, 농민과 도시민이 모두 함께하는 '협동과 연대의 대안 국민 농정'만이 포스트 코로나 시대 한국 농정의 살길이다.

먹을거리 정의를 지키는 사회적 농부

그렇다면 '좋은 먹을거리'는 누가 어떻게 책임지고 생산해야 할까. 여기서 '먹을거리'란 식량, 음식, 식품을 뜻한다. 모든 사람은 생존에 필요한 최소량을 넘는 먹을거리를 반드시 공급받아야 한다. 먹을거리는 필수재(Necessary Goods)이기 때문이다.

그렇다면 식량, 음식, 식품으로 부르는 먹을거리에 국가 재정을 우선 써야 마땅하다. 세계무역기구(WTO) 농업협정에서도 공공비축, 국내 식품 지원이 허용 보조에 해당하는 타당한 이유다. 특히 급식 중 공공급식 영역은 정부조달협정에도 아무런 제약을 받지 않는 예외로 인정하고 있다.

지금 우리 정부는 취약계층에게 다양한 먹을거리 지원정

책을 펴고 있다. 국민기초생활보장제도, 학교와 노인 급식 지원, 푸드뱅크사업, 임산부와 영유아 보충영양관리사업 같은 사업들은 '먹을거리 정의(Food Justice)'를 실천하려는 정책이다. 여기에서 '먹을거리 정의'란 넓은 의미로는 일반 '먹을거리 보장(Food Security)' 전반을 뜻한다. 좁은 의미로는 농촌 중소농이 주로 생산하는 유기 농산물 같은 '좋은 먹을거리' 구매대금을 정부, 지자체, 기업, 개인이 대신 지급해 도시의 저소득 취약계층에게 기부하는 방식의 '좋은 먹을거리 기부프로그램'을 말한다.

이 같은 '먹을거리 정의'는 농도상생 차원에서 민관 협력 또는 민민 협력 방식으로도 얼마든지 실천할 수 있다. "도시의 후원자, 독지가가 농촌 중소농의 유기농 먹을거리 같은 '좋은 먹을거리'를 스스로 유상 구매 또는 대지급해서 도시나 농촌의 저소득 취약계층에게 무상으로 기부"하는 방식이 있다. 소비자인 취약계층은 좋은 먹을거리를 제공받아 좋고, 생산자인 중소농은 농산물을 좋은 곳에 판매할 수 있어 좋다. 상호호혜를 바탕으로 지속가능한 농도상생 프로그램은 서로 닫혀있는 농도의 물꼬를 트는 고성능 열쇠가 될 수 있다. 나아가 먹을거리가 사회 정의를 앞당기는 마중물 역할을 할 수 있다.

하지만 우리나라의 먹을거리 불안감, 먹을거리 위험도는

심각해 보인다. 아니, 절박해 보인다. 먹을거리 보장 정책이 현실과 현장의 요구와 기대만큼 활성화되지 못 했다. 여전히 '저마다 알아서 먹고 살자'는 야박한 개인주의 각자도생 논리가 지배하고 있다. 먹을거리는 생산자에서 소비자에 이르는 먹을거리 공급사슬망(Food Supply Chain)에 참여하는 모든 사람들이 관련된다. 이 문제는 사회와 환경은 물론 건강, 교육, 문화 분야까지 가히 전체를 아우르는 융복합 차원으로 사회에 넓게 걸쳐 있다. 그래서 시장성보다 공공성으로 접근해야 해결이 가능한 문제다. 마땅히 국가가, 정부가 앞장서 나서야 한다.

먹을거리 공급보다 더 큰 문제는 '먹을거리 안전'이다. 무엇보다 우리 사회의 저소득 빈곤층이 일상에서 먹는 먹을거리는 안전도와 영양 수준이 매우 취약하다. 결식아동 무료급식이나 경로식당 제공 음식은 대부분 신뢰도가 낮은 수입 식재료나 냉동식품, 인스턴트나 패스트푸드인 게 현실이다. 심지어 먹을거리 사회학에서는 '밥상의 양극화' 현상마저 심화되고 있다고 지적한다. 계층과 연령에 따라 먹을거리(영양) 불평등 문제가 점차 심화되고 있다.

사회적 농부가 바꾸는 식품산업 식품 연결망

다행히 최근에는 먹을거리 양극화와 이에 따른 영양과 건강 불평등 문제를 '먹을거리 정의' 문제로 바라보는 경향이 나타나고 있다. 먹을거리 문제는 개인 선택 문제가 아니라 사회적 환경과 구조 탓에 발생한다. 따라서 먹을거리 문제는 '차가운' 시장경제가 아닌 '따뜻한' 사회복지와 사회정의 차원에서 접근해야 한다.

미국, 유럽 같은 선진국의 먹을거리 정책은 무엇보다 먼저 '먹을거리' 자체를 중심에 놓는다. 그리고 소비, 건강, 환경, 문화, 사회관계, 과학기술, 공공보건, 사회정의, 복지 같은 문제가 살아 움직이듯 서로 긴밀하게 연결돼 있다. 또한 단지 곡물류에 그치지 않고 육류, 신선과일. 채소, 건조 가공식품 같은 모든 식품군을 포괄해 지원하고 있다. 특히 수매한 농산물은 가공해 장기 비축이 가능한 형태로도 보관한다. 장기 비축 물자와 로컬푸드에서 직접 구매한 것을 국가와 지역을 아울러서 지원한다.

한국도 '먹을거리 정의'를 실천해 식품산업과 정책을 바꾸려면 우선 고쳐야 할 법률이 적지 않다. '농어업·농어촌과 식품산업 기본법'에는 소비자에 대한 안정된 식품공급에 관한 정책이 누락돼 있다. 식품 지원 활성화를 위한 기반 조성을 위해 기본법 제7조(농수산물과 식품의 안정적 공급)를 '소비단계'까지 연장하도록 개정해야 한다. 제23조에서도 식품의 안정된 공급을 위한 정책 시행을 '국가 차원에서 적정 비축과 농지의 효율적 이용'으로 한정하고 있다.

무엇보다 먼저 먹을거리 보장에 대한 사회적 인식부터 달라져야 한다. 단지 먹을거리 양을 넉넉하게 보장해야 한다는 주장은 이 문제를 깊이 인식하지 못한 주장이다. 양 문제를 넘어 먹을거리의 접근성, 적절성, 지속가능성이 모두 조화롭게 보장돼야 하기 때문이다. 또 먹을거리 위기를 바라보는 생산자와 소비자, 절대 빈곤계층과 상대적 부유층, 시장주의자와 생태주의자 사이 큰 간극을 좁혀야 한다. 그래야 먹을거리 연대와 사회적 합의를 추진할 수 있다.

먹을거리는 생산자에서 소비자에 이르기까지 모든 사람들과 관련된 문제다. '먹을거리 보장' 또는 '먹을거리 정의'는 공공성, 지역성, 복지성이 흔들리지 않는 확고한 원칙으로 자리 잡아야 한다. 그래서 먹을거리 문제의 본질은 곧 사회적 문제나 다름 없다. '사회적 농부'가 '사회적 농사'를 지어야 비로소 그 '사회적 문제'의 해결이 가능할 것이다.

여기서 '사회적 농부'란 농민 기본소득과 마을 단위 복지 같은 사회안전망, 협동과 연대와 참여 같은 사회적 자본, 법과 정책과 제도 같은 국가와 정부의 돌봄과 보살핌 속에서 국민에게 사회적 합의와 지지를 받는 농부, '돈 버는 농업'이 아닌 '사람 사는 농촌'을 위한 '농부의 나라'를 지키며 살아가는 농부를 뜻한다.

*생태환경문화잡지 〈작은것이 아름답다〉 273호 '지구를 살리는 지도-농식품기업'에 담은 글을 재수록했습니다.

종이는
숲입니다

사무실에서 출력한 에이포용지 45퍼센트는
그날 바로 버려집니다. 꽤 쓸만한 대안, 숲을 살리는
재생복사지로 사라지는 지구의 원시림을
지켜주세요.

10퍼센트만 재생복사지로 바꿔도
해마다 27만 그루,
날마다 나무 760그루를 살릴 수 있습니다.

재생종이로 만든 책

'숲을 살리는 녹색출판' 마크를 아시나요?

작은것이 아름답다는 2009년 한국간행물윤리위원회(현재 한국출판문화산업진흥원)와 재생종이 출판을 권장하며 '녹색출판' 인증로고를 만들었습니다. 기후위기 시대, 기후를 보호하는 재생종이를 사용한 녹색출판은 계속됩니다.

녹색출판 인증로고 문의 www.green-paper.org

사회적 농부
모두의 농업
모두의 농부

독일·오스트리아 농촌공동체 탐방기

처음 펴낸 날 | 2022년 3월 25일

지은이 | 정기석
펴낸이 | 윤경은
글틀지기 | 김기돈 정은영
글다듬지기 | 최세희 김소아
볼꼴지기 | 퐁포레스트 앤드 포레스터 이혜연 권구철
박음터 | 평화당

펴낸곳 | 작은것이 아름답다
나라에서 내어준 이름띠 | 문화 라 09294
터이름 | 02879 서울시 성북구 성북로 19길 15 (성북동) 3층
소리통 | 02-744-9074~5
글통 | 02-745-9074
누리알림 | jaga@greenkorea.org
누리방 | www.jaga.or.kr
페이스북 | @jagagreen
인스타그램 | @jaga_green

ISBN 979-11-973160-2-9 (03300)

 표지 인스퍼에코 222그램, 내지 하이벌크 70그램으로
숲을 살리는 재생종이에 인쇄했습니다.

책값은 뒤표지에 있습니다. 잘못된 책은 바꿔 드립니다.